# INDIVIDUELL WOHNEN
## IN REIHEN- UND DOPPELHÄUSERN

Johannes Kottjé

# INDIVIDUELL WOHNEN
# IN REIHEN- UND DOPPELHÄUSERN

großzügig | ungewöhnlich | attraktiv

Deutsche Verlags-Anstalt

# INHALT

# REIHEN- UND DOPPELHÄUSER – ATTRAKTIVE WOHNHÄUSER MIT POTENTIAL

Oft genügen wenige, durchdachte Maßnahmen beim Entwurf und der Innenraumgestaltung, um ein Reihen- oder Doppelhaus vom gewohnten Muster dieses Bautyps attraktiv abzuheben. So ermöglichen Fassadenversprünge intime Gartenterrassen oder geschützte Loggien vor den Obergeschossen, trotz räumlicher Nähe zum Nachbarn. Staffelgeschosse bieten Platz für ruhige Dachterassen. Werden die einzelnen Häuser nicht, wie üblich, in ihrer Tiefe, sondern längs aneinandergereiht, rücken die seitlichen Grundstücksgrenzen auseinander. Selbst bei identischer Parzellengröße werden Innenräume und Garten somit als größer und luftiger wahrgenommen, während die nun breiteren Fassaden Möglichkeiten zur großflächigen Durchfensterung bieten.
Dieses Gefühl von Großzügigkeit kann durch einheitliche Rahmengestaltung der Eingangsbereiche und der Gärten weiter gesteigert werden. Auch das Erscheinungsbild der Häusergruppe profitiert davon: innerhalb der durchgängigen, architektonischen Rahmen kann nun jede Bewohnerfamilie ihren gestalterischen Vorlieben nachgehen, ohne dass das Ensemble optisch zerfällt.
Im Inneren sorgen häufig offene Grundrisslösungen des Wohnbereichs für ein Gefühl der Großzügigkeit. So angenehm diese gerade bei kleiner Wohnfläche auch sein können, sie sollten in jedem Fall mit klar abgetrennten Schlafzimmern für alle Bewohner kombiniert werden, um der gemeinschaftlichen Offenheit private Rückzugsmöglichkeiten gegenüber zu stellen! Noch attraktiver – meist aber auch kostenintensiver – sind variable Möglichkeiten der Raumaufteilung. In jedem Fall lohnt es sich, die »klassische« Raumaufteilung von Einfamilienhäusern zu überdenken und soweit möglich, den individuellen Bedürfnissen anzupassen: warum nicht ein Elternbad offen in den Schlafraum integrieren oder anstelle der Standardaufteilung im Wohnbereich eine große Essküche mit einem kleinen, bewusst abgetrennten Wohnzimmer als ruhigen Ort zum Lesen, Musik hören oder Fernsehen kombinieren?

Eine zentrale Rolle bei der Grundrissgestaltung kommt der Treppe zu. Zwei Lösungen sind besonders sinnvoll: frei in den Wohnbereich gestellt, wird kein Raum für zugehörige Erschließungsflächen verschenkt und die Treppe kann zugleich als Raumteiler dienen – etwa zwischen Wohn- und Essbereich. Für eventuelle Umnutzungsmöglichkeiten des Hauses ist hingegen sinnvoll, den Treppenantritt so anzuordnen, dass die Obergeschosse vom Hauseingang aus erreicht werden können, ohne den Wohnbereich zu tangieren.
Prinzipiell ist das Maß der Wohnqualität eines Hauses unabhängig von der Größe der Wohnfläche – doch je kleiner sie ist, umso höher wird der Bedarf an intelligenten Entwurfslösungen. Hierfür bieten sich etwa Einbaumöbel, die den verbleibenden Raum großzügiger wirken lassen als eingestelltes Mobiliar.
Konkrete Beispiele zur attraktiven Gestaltung von Reihen- und Doppelhäusern zeigt dieses Buch als Ideenfundus realer Wohnsituationen und praktischer Tipps. Lassen Sie sich von den Projekten inspirieren, setzen Sie sich mit ihnen auseinander und ziehen Sie die Konsequenzen daraus für Ihr eigenes Wohnumfeld oder für das Ihrer Auftraggeber, sofern Sie Planer sind.

**Das Foto zeigt in pointierter Weise, dass Reihen- und Doppelhäuser nicht von Natur aus gleichbedeutend sind mit gereihter Banalität: ein rustikal wirkender Essplatz, ein wenig an den Ateliertisch eines Künstlers erinnernd; davor, als harmonischer Kontrast, ein elegantes, schlichtes Sofa: grasgrüne Polster, eingelassen in einen weißen, monolithischen Unterbau, Bestandteil einer geschmackvollen Sitzgruppe in wohnlichem Ambiente. Eine kleine Bibliothek an der Seitenwand lädt zum Schmökern ein, die vollverglaste Stirnseite des Raumes bietet Ausblick in einen lauschigen Gartenhof, der dank nach oben fahrbarer Glasfassade auf Knopfdruck zum Bestandteil des Wohnraumes wird (Architekt: Steven Ehrlich, Washington/ Kalifornien, USA, Foto von Grey Crawford/Redcover.com).**

# BREIT STATT TIEF

## Drei Doppelhäuser am Ammersee ‖ Bembé Dellinger, Greifenberg

Der typische Charakter vieler Reihen- und Doppelhäuser wird durch eine geringe Breite bei großer Gebäudetiefe bestimmt. Nicht nur die Raumproportionen, auch die Lichtverhältnisse werden hierdurch maßgeblich beeinflusst. Die Architekten Felix Bembé und Sebastian Dellinger drehten drei Doppelhäuser gegenüber der Konvention in die Breite. Nein, nicht um 90 Grad – wenn schon pfiffig, dann richtig!

**Links** Ein »fliegendes Dach«, ausgeführt als Sichtbeton-Scheibe, verbindet den Hauseingang (rechts) mit Nebenhaus und Carport.

**Rechte Seite oben links** Der Wohnraum mit der davor liegenden überdachten Terrasse und dem Garten bilden ein Kontinuum zusammenhängender Außen- und Innenräume. **Oben Mitte und unten** Die Häuser sind nicht tief, aber breit: die Küche steht bereits vor der Rückwand des Hauses; der Eingangsbereich wird durch die skulptural an einer Sichtbetonscheibe geführten Treppe abgeteilt. **Oben rechts** Der relativ kleine Wohnbereich gibt sich als Leseecke mit Kamin.

**Links** Die Gärten bieten die Atmosphäre eines begrünten, geschützten Hofs.

An die Schmalseite von drei Haushälften auf rechteckigem Grundriss ließen Bembé und Dellinger jeweils einen in der Draufsicht trapezförmigen Baukörper anschließen, dessen Gartenfassade sich vom Nachbarn leicht abwendet. So sorgt nun nicht nur eine aus dem Grundriss heraus entwickelte Sichtbetonwandscheibe für Intimität, sondern auch die leicht unterschiedliche Ausrichtung zu den ansonsten gemeinschaftlich genutzten Gärten in Südlage.

Die drei Doppelhäuser stehen parallel zur öffentlichen Straße, hintereinander aufgereiht an einer privaten Stichstraße. Zu dieser grenzen sich die Haushälften durch eine Spange aus Carport, hochwertig nutzbarem Gartenhaus und überdachter Verbindung zum Haupthaus ab.

Die geringe Gebäudetiefe lässt die Sonne weit ins Hausinnere eindringen. Somit konnten die zum rückwärtigen Nachbargarten orientierten Nordfassaden nahezu gänzlich geschlossen werden. Lediglich einige Glasbausteine sowie satinierte Glasscheiben belichten die hier angeordneten Bäder und den Erschließungsbereich des Obergeschosses.

Zentrum der Familienhäuser ist jeweils die offene Wohnküche im Erdgeschoss. Durch die Einschnürung eines offenen Kamins ab-

Über der Treppe wurde ein vom Kinderzimmer aus zugängliches Bett untergebracht.

Wechselspiel der Materialien: »kühl« wirkender Kalksteinboden, »warmes«, dunkles Holz des Möbels.

getrennt, schließt ein kleiner Wohnbereich an. Bei den Materialien im Innern setzt sich die äußere Linie fort: passend zur Sichtbetonfassade wurde im Erdgeschoss ein relativ kühl wirkender, großformatiger Kalkstein als Bodenbelag verlegt, die Treppenrückwand behielt ihre Sichtbetonoberfläche. Für die hinter einer horizontal orientierten Holzfassade im Obergeschoss befindlichen Schlafräume wurde hingegen ein warm wirkender Eichendielenboden gewählt.

**Oben und ganz oben** Die Sanitärausstattung wurde einheitlich in Sichtbeton ausgeführt – oben die Badewanne im Kinderbad, unten das Waschbecken in der Toilette; indirekte Beleuchtungen sorgen für Flair.

**Oben links** Der Zugang zur Toilette im Erdgeschoss wurde in einem Einbauschrank entlang der Gebäuderückwand angeordnet; die Garderobe wurde mit satinierter Verglasung und Ablagebank stimmig gestaltet.

**Oben** Das Elternbad wurde offen in das Schlafzimmer integriert.

**Unten** Vielfältig nutzbar: der zentrale Erschließungsbereich im Obergeschoss.

**Oben** Blick aus dem Nebenhaus zum Wohnhaus.

**Oben links** Die bekieste Terrasse vor dem Wohnraum gibt sich als wetter- und blickgeschützter Freibereich.

**Unten** Vor beiden Haushälften liegt ein großer, nur lose unterteilter Garten.

1 Bad
2 Eltern
3 begehbarer Kleiderschrank
4 Kind
5 Wohnen
6 Essen
7 Kochen
8 WC
9 Speisekammer
10 Gartenzimmer
11 Carport
12 Gast
13 Arbeiten

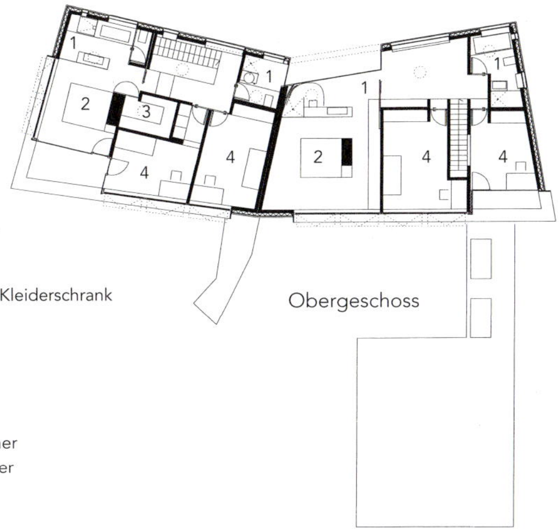

Obergeschoss

Erdgeschoss

**Projektinformationen**

**Fassade** Sichtbeton (Erdgeschoss); unbehandeltes Lärchenholz (Obergeschoss)
**Bodenbeläge** großformatige Kalksteinplatten (Erdgeschoss); Eichendielen (Obergeschoss)
**Wohnfläche** ca. 140 m² zzgl. ca. 40 m² Nutzfläche

**Fotos** Johannes Kottjé, Marktredwitz

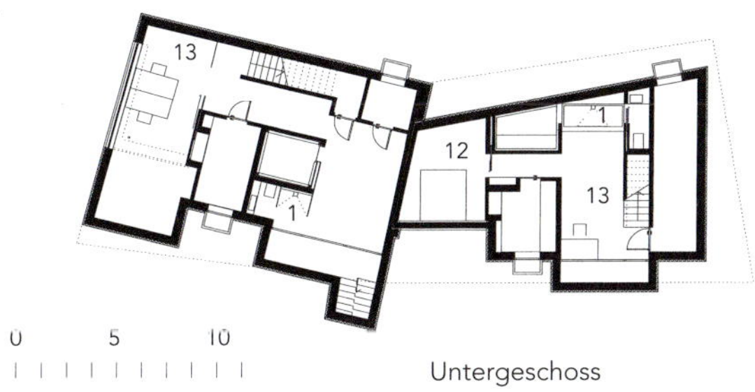


Untergeschoss

# VARIABEL UND ZUKUNFTSSICHER

Energieoptimiertes Doppelhaus in Grafing bei München ‖
Klaus Beslmüller, Grafing

Wirtschaftlich in Erstellung und Unterhalt, variabel nutzbar und sparsam im Energieverbrauch – wer so baut, braucht sich um die Zukunftsfähigkeit seines Hauses keine Sorgen zu machen! Dass ein solches Gebäude auch noch architektonisch anspruchsvoll zu realisieren ist, zeigt Klaus Beslmüller mit diesem Doppelhaus im Münchner Umland.

Das Hinterliegergrundstück wird über eine private Zufahrt erschlossen.

Dank unterschiedlicher Lage des Decken-Versprungs bietet der Essplatz eine hohe Decke; eine raumhohe Glasfassade in der Giebelwand trägt ebenfalls zum großzügigen Ambiente bei; im Hintergrund die Küche.

Auf einem Hinterliegergrundstück wurde der Bau in fugenloser Ortbetonbauweise ausgeführt. Jede der beiden komplett mittels einer Fuge voneinander getrennten Haushälften stellt einen mehrgeschossigen Rahmen dar, bestehend aus den tragenden Gebäudelängswänden, den im Splitlevel versetzten Decken sowie einem Treppenkern. Sämtliche weitere Innenwände wurden in Trockenbauweise auf die Estriche gestellt und sind somit bedarfsweise zu variieren. Unveränderbar zoniert wird der Grundriss lediglich durch die halbgeschossigen Versprünge des Splitlevels und den zentralen Treppenkern.

Die derzeitige Aufteilung bietet in der auf den Fotos dargestellten Haushälfte eine klassische Einfamilienhaus-Variante: Man betritt den hellen, lichten Bau über eine großzügige Diele, von der schrankartig über raumhohe Schiebetüren ein schmaler Garderobenraum abgetrennt ist. Auf gleicher Ebene findet sich die Küche mit Essplatz. Jener gibt sich mit hoher Decke – dank unterschiedlicher Anordnung des Splitlevel-Versprungs – und ebenso hoher Glasfassade in der Giebelwand luftig und großräumig.

Durchgängig verglast wurde die Westfassade des Wohnraums, der die gesamte zum Garten orientierte Ebene einnimmt, ein halbes Geschoss höher gelegen als die Eingangsebene. Auf den beiden oberen Ebenen wurden jeweils zwei Schlafräume und ein Bad angeordnet. Beide Sanitärräume und der Treppenkern werden über Fenster im Firstversatz der Pultdachflächen natürlich belichtet.

Im Untergeschoss ermöglichte die Splitlevel-Lösung gartenseitig ein souterrainartiges Büro mit Fenstern, die sich bodentief über große Abgrabungen zum Garten öffnen.
Das Highlight des Hauses ist jedoch sein Energiekonzept: dessen Grundlage ist die

**Links und rechte Seite unten** Eine raumbreite Holztreppe führt vom Essplatz zum Wohnraum; praktisch: hinter den Setzstufen verbergen sich tiefe Schubladen als vielfältig nutzbarer Stauraum.

**Oben** Bei geöffneten Schiebewänden gibt sich das Haus transparent und lässt die gesamte Tiefe durchblicken; die filigrane Treppenkonstruktion begünstigt dies.

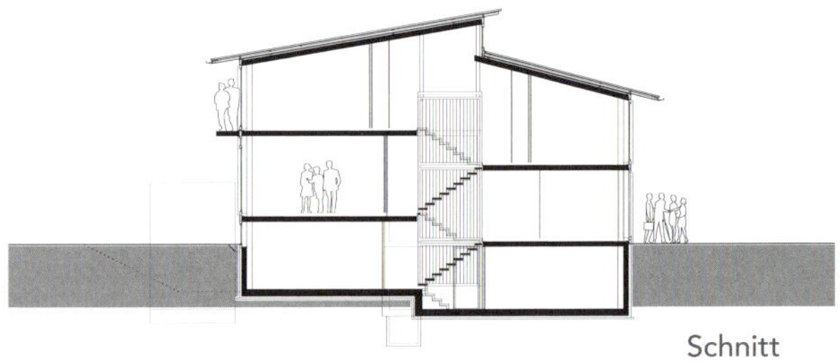

Schnitt

**Oben und unten** Auch im Eingangsbereich kamen raumhohe Schiebewände zum Einsatz: vor der Schuhkammer wurde ein Spiegel integriert, der den lichten Raum nochmals großzügiger wirken lässt; die Küche samt Essplatz lässt sich bei Bedarf komplett verschließen – von Vorteil auch aufgrund der Büroräume im Untergeschoss des Hauses.

**Unten Mitte** Hohe Wände im Kinderzimmer – von der Tochter des Hauses farbig gestaltet.

**Unten rechts** Schwarze Feinsteinzeug-Fliesen in Verbindung mit weißen Sanitärgegenständen sorgen für zeitlose Eleganz im Badezimmer.

Erzeugung von Oberflächentemperaturen, die möglichst nah an der Raumlufttemperatur liegen und somit bereits bei niedrigeren Raumtemperaturen als üblich subjektiv empfundene Temperaturen im Behaglichkeitsbereich ermöglichen. Hierzu dienen vier Komponenten: eine Fußbodenheizung, die mit kontinuierlicher Vorlauftemperatur von 22 °C den Boden nicht heizt, sondern erwärmt; wärmespeichernde, außenseitig hochgedämmte Betonwände und -decken; gut dämmende Fensterverglasungen mit Krypton-Füllung; Heizkörper zum Ausgleich von Lüftungswärmeverlusten.

Daneben wurde an der südlichen Giebelwand ein fassadenintegrierter Vakuumröhren-Solarkollektor angebracht. Mittels einer eigens entwickelten Steuereinheit speist dieser seine Wärme je nach Ausbeute und Bedarf in die Brauchwassererwärmung oder die Bauteilaktivierung und ermöglicht so bei jeder Witterung eine optimale Ausnutzung der zur Verfügung stehenden Sonneneinstrahlung. Zudem berücksichtigt die Steuerung unterschiedliche Wärmeabrufe beider Haushälften und lenkt die zur Verfügung stehende Wärme entsprechend.

Introvertiertes Ambiente bei geschlossenen Schiebewänden im Wohnraum.

**Oben** Auch die östlich orientierte Eingangsfassade wurde durchgängig verglast – hier im Bereich der Küche.

**Unten** Die mittels Stahlprofilen stabilisierte Westfassade mit vorgelagerten, erhöhten Holzterrassen prägt gartenseitig das Bild.

Mit nur 8 Quadratmetern Kollektorfläche konnte auf diese Weise der Gasverbrauch beider Häuser um die Hälfte reduziert werden. Weitere solare Wärmeenergiegewinne werden durch die östlich und westlich orientierten, durchgängig verglasten Längsseiten des Gesamtbaukörpers realisiert.

## Projektinformationen

**Fassade** Wärmedämmverbundsystem mit weiß durchgefärbtem Mineralputz
**Fenster/Glasfassade** Merantiholz-Rahmen, außenliegende Verstärkungen aus verzinkten Stahlprofilen, Verglasung mit Krypton-Füllung
**Bodenbeläge** Einzelstab-Parkett, Doussie, lackiert; Feinsteinzeug, anthrazit
**Dachdeckung** Trapezblech
**Wohnfläche** ca. 180 m² zzgl. 87m² Nutzfläche

**Fotos** Johannes Kottjé, Marktredwitz

1 Schlafen
2 Bad
3 Zimmer
4 Arbeiten
5 WC
6 Balkon

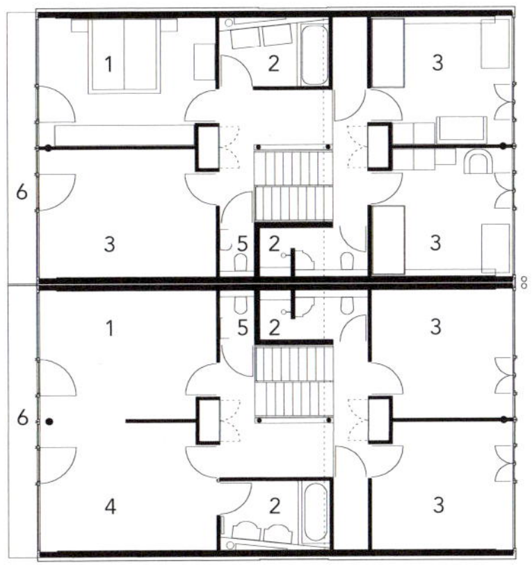

Obergeschoss

1 Eingang
2 Garderobe
3 Küche
4 Essen
5 WC
6 Abstellraum
7 Wohnen
8 Terrasse
9 Teich
10 Garage

Erdgeschoss

1 Arbeiten
2 Bad
3 Keller
4 Zimmer
5 Abstellraum
6 Heizung

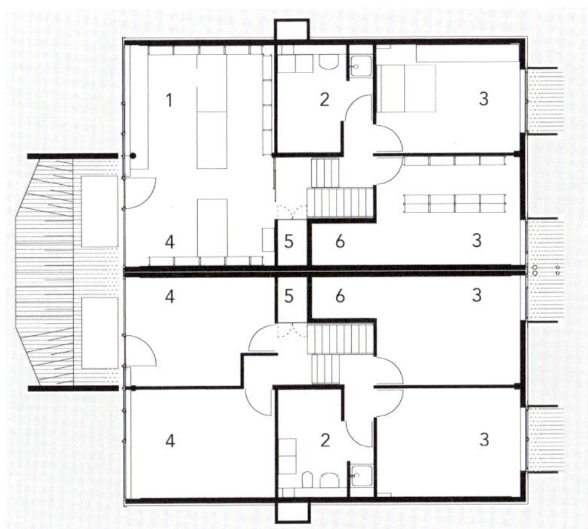

Untergeschoss

# DURCHDACHT AUFGESCHLITZT

## Renoviertes Reihenendhaus bei München ‖ Klaus Beslmüller, Grafing

Die einfachsten Ideen sind oft die besten – eine Binsenweisheit, die sich gerade beim Bauen immer wieder bewahrheitet. So auch bei der Renovierung dieses älteren Reihenendhauses: im Wohnbereich des Erdgeschosses wird heute der Esstisch von zwei raumhohen Fenstern gerahmt und der gesamte Raum zusätzlich belichtet. Wo früher Ausblicke nur durch die südliche Gartenfassade möglich waren, kann man heute von Westen her das Wetter heranziehen sehen.

**Links** Einladend: der freundlich-individuell neu gestaltete Vorbereich.

**Rechts** Auch das äußere Erscheinungsbild des Hauses wird heute wesentlich von den drei markanten Fensterschlitzen geprägt.

Blick aus dem Wohnbereich über den Essplatz bis zur Küche: Man stelle sich vor, die drei raumhohen, schmalen Fenster wären nicht vorhanden …

Nicht nur das Erdgeschoss wurde heller: wo man vor der Renovierung über die halbgewendelte Treppe einen dunklen Verteilerflur im Obergeschoss erreichte, strahlt einem heute Sonnenlicht entgegen.

Betrachtet man die westlich orientierte Giebelwand von außen, fallen drei senkrechte Fensterbänder auf, von denen zwei die Fassade auf nahezu gesamter Höhe durchziehen. Ebenfalls auffällig: die geringe Breite der Fenster von gerade einmal einem halben Meter. Ein modischer Gag? Nein – eine sehr wirtschaftliche Lösung der nachträglichen Durchfensterung einer Fassade! Aufgrund der geringen Breite waren statisch weder der Einbau von Stürzen noch aufwändige Abstützmaßnahmen während der Bauphase erforderlich. Dank der durchgängigen Höhe der Fenster entstanden dennoch nennenswerte Fensterflächen.

Gleichermaßen zurückhaltend und dabei effektiv fielen die substanziellen Veränderungen im Gebäudeinnern aus: im Erdgeschoss wurde in die Wand zwischen Wohnraum und Küche ein raumhoher Durchgang gebrochen, eine kleine Abstellkammer musste gesteigerter Großzügigkeit im Eingangsbereich weichen.

In den beiden Obergeschossen wurde lediglich jeweils eine Wand versetzt. Die bauzeitliche Treppe mit Kunststeinstufen und lackiertem Eisengeländer wurde belassen,

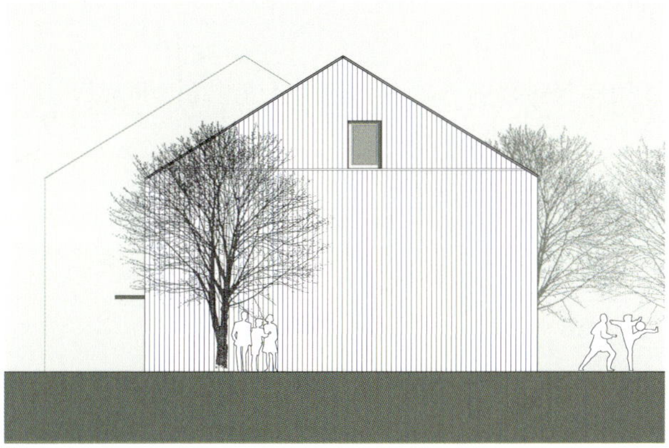

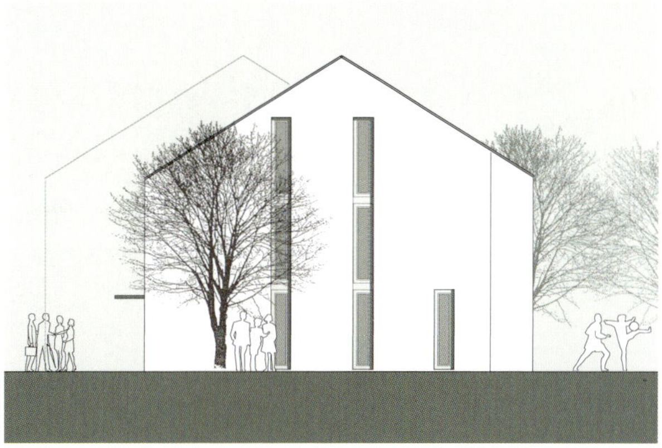

**Linke Seite links** Anstelle der früheren Dusche findet sich heute eine Badewanne, die auch die Funktion der Duschwanne übernahm.

**Linke Seite rechts** Die Treppe wurde unverändert übernommen, jedoch um einen Wäscheabwurfschacht in Edelstahl ergänzt; hierdurch sowie durch die Kombination mit tiefblauem, textilem Bodenbelag im Obergeschoss entstand eine völlig neue Anmutung.

**Oben** Vorgefundenes (links) und neues (rechts) Erscheinungsbild der Giebelfassade im Vergleich.

**Unten** Der Wohnraum wurde von den Bauherren kunterbunt gestaltet.

**Ganz unten** Obergeschoss: Blick ins neu gestaltete Bad; links der neue »Fassadenschlitz«, hier zur Belichtung des Erschließungsbereichs.

**Rechts** Detail des Holzpodests vor dem Hauseingang.

**Unten** Blick von der Küche durch den heute lichten, freundlichen Wohnraum.

wird heute jedoch durch ein Oberlicht in der Dachschräge erhellt. Im Kontrast zur Treppe steht heute ein breites Edelstahlrohr, das das Treppenauge durchzieht: Es dient als Wäscheabwurfschacht vom Obergeschoss in den Keller.

Beinah schon banal wirken bei so viel Einfallsreichtum die übrigen Renovierungsmaßnahmen: die Fassade wurde mit einem Wärmedämmverbundsystem und mit neuen Holz-Alu-Fenstern versehen, auf dem Dach eine thermische Solaranlage montiert und mit einem Gas-Brennwertkessel kombiniert. Im Innern wurde Eichenparkett und im Obergeschoss mit den Schlafräumen Teppichboden verlegt.

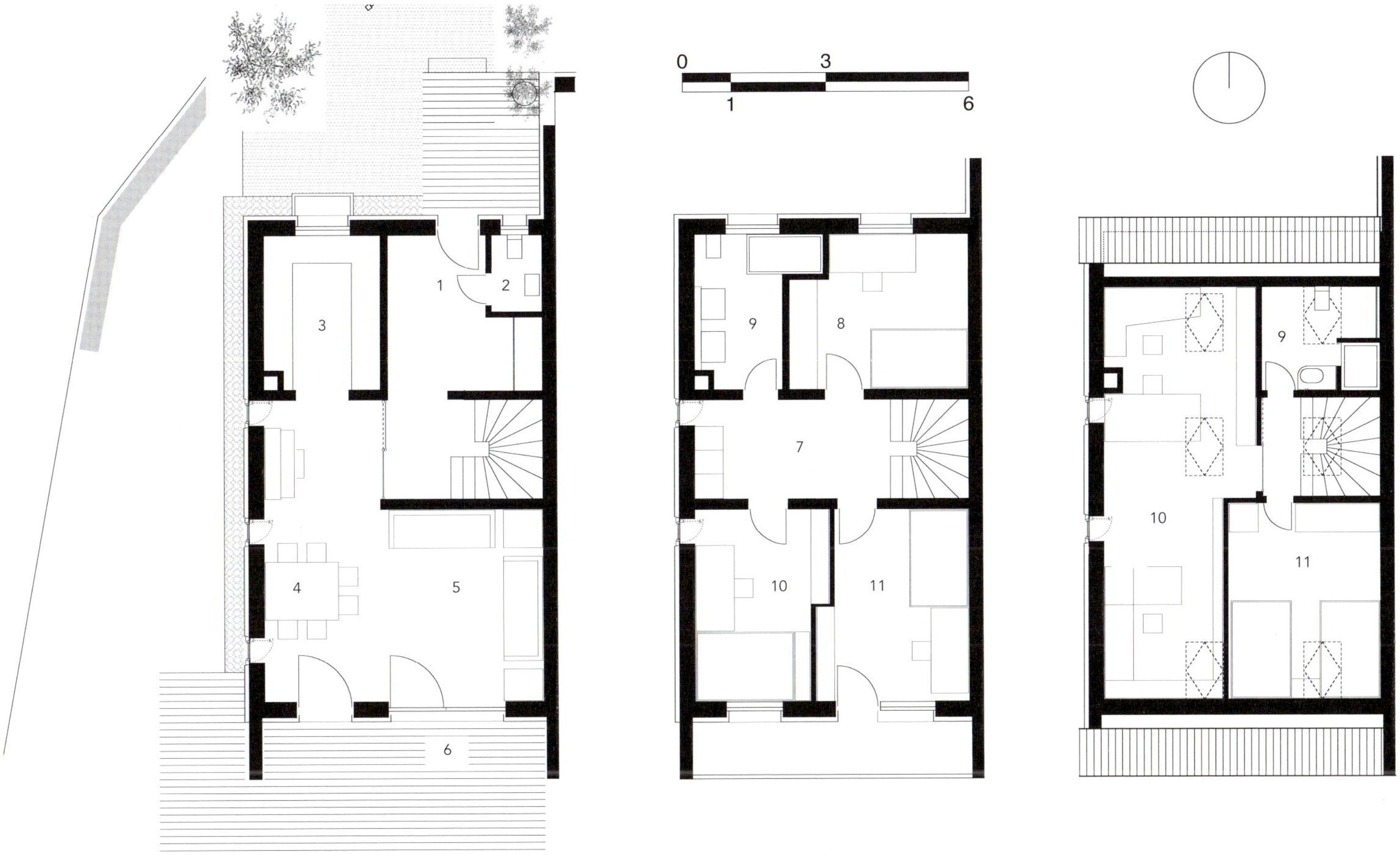


Erdgeschoss  Obergeschoss  Dachgeschoss

| | |
|---|---|
| 1 Eingang | 7 Flur |
| 2 WC | 8 Zimmer |
| 3 Küche | 9 Bad |
| 4 Essen | 10 Arbeiten |
| 5 Wohnen | 11 Schlafen |
| 6 Terrasse | |

Die neue Holzterrasse auf der Gartenseite wurde großzügig um die Hausecke herumgeführt.

## Projektinformationen

**Fassade** Wärmedämmverbundsystem mit hellgrau durchgefärbtem Mineralputz
**Fenster** Holz-Aluminium-Verbundrahmen
**Bodenbeläge** Einzelstab-Parkett, Eiche, geölt; Teppichboden (Schlingenware); Feinsteinzeug, anthrazit
**Wohnfläche** 149 m² (vor Umbau 143 m²)
zzgl. 50 m² Nutzfläche

**Fotos** Johannes Kottjé, Marktredwitz

# REIHENDETAILS

## Stadthaus am Wasser ‖ Hellriegel Architekten, Köln

Selbst hochwertigen Reihenhausanlagen, die bauträgerartig vermarktet werden, fehlt häufig die entwurfliche Qualität im Detail. Ein überzeugendes Gegenbeispiel für intelligent durchdachte Details liefert die hier vorgestellte Anlage mit 13 Stadthäusern in Köln. Die Vorzüge beginnen bereits bei der städtebaulichen Gestaltung.

**Links** Streng kubisch gibt sich die Giebelseite.

**Rechts** Die Gartenseite der viergeschossigen Häuser: eine klare Rahmenstruktur mit großen Glasfassaden und Rücksprüngen, die integrierte Loggien und Dachterrassen ermöglichten.

**Rechte Seite** Der Wohnraum im Gartengeschoss steht über einen Luftraum mit Küche und Essplatz im Erdgeschoss in Verbindung.

**Rechte Seite oben und unten rechts** Das gesamte Erdgeschoss jenseits des Eingangsbereichs wurde als Einraum mit Küche, Essplatz und Treppe ausgeführt; über eine durchgängige Glasfassade öffnet sich der Raum zum Garten, der vom Wohnraum im Geschoss darunter zugänglich ist.

**Rechte Seite unten links** Der begehbare Kleiderschrank im Schlafzimmer.

Baugrundstücke sind in Köln hochpreisig. So verwundert es nicht, dass die großzügigen knapp 200 Quadratmeter Wohnfläche der Reihenhauszeile auf immerhin vier Ebenen verteilt wurden. Selbst Wohn- und Essbereich, heute zumeist unmittelbar ineinander übergehend, wurden auf zwei verschiedenen Geschossen untergebracht: der Wohnraum nimmt nahezu das gesamte, gartenseitig ebenerdige Hanggeschoss ein, der Essplatz mit offener Küche weite Teile des darüber liegenden Eingangsgeschosses. Die Verbindung beider Bereiche erfolgte hier galerieartig mittels eines Deckendurchbruchs.

Doch bevor man in den Essbereich gelangt, betritt man das Gebäude gleichsam stufenweise: den einzelnen Häusern wurden Garagen vorgelagert, die somit zugleich die Unterteilung der äußeren Vorbereiche übernehmen. Ein Baum markiert die Zugänge zwischen den Garagen, die mit Stahlpergolen überspannt und im Bereich vor den Hautüren gläsern überdacht sind.

Hinter den Türen warten vergleichsweise großzügige Eingangsbereiche, eine Glastür führt nun weiter zum Essbereich. Zudem gelangt man von hier in einen als Hauswirtschaftsraum oder Lager nutzbaren Raum, der auch unmittelbaren Zugang zur Garage hat.

Im ersten Obergeschoss findet sich neben einem weiteren Zimmer der Elternschlafbereich. Neben einem natürlich belichteten und belüfteten Bad mit separater Toilette bietet dieser einen begehbaren Kleiderschrank mit Doppelschiebetüre, der den Schlafraum von Ballast befreit. Eine kleine Loggia ermöglicht es, unmittelbar nach dem Aufstehen ins Freie zu treten – aufgrund der intimen Lage der Loggien auch problemlos im Morgenmantel.

Im obersten Geschoss wurde statt des Schlafbereichs ein Studio mit Dachterrasse untergebracht. Die Dachterrasse als geschützter Freibereich stellt gerade aufgrund der kleinen, schmalen Grundstücke ein wesentliches Komfortmerkmal dar. Ein fest installierter Außenschrank dient als praktische Lagermöglichkeit, etwa für Liegestühle.

Außenschränke wurden auch in den Gärten angeordnet. Sie dienen hier zugleich als Trennung zum Nachbarn und verhindern somit das sonst an dieser Stelle oft zu findende

Sortiment an Trennelementen aus dem Baumarkt.

Jenseits der kleinen Privatgärten verläuft eine Gracht, wie man sie sonst eher aus Städten wie Amsterdam kennt. Sie entstand hier aus dem Gedanken, Regenwasserversickerung über Rigolen mit erlebbaren Wasserflächen zu kombinieren und somit die städtebauliche Qualität der Anlage weiter zu erhöhen.

Skulptural prägt die zweiläufige Treppe das Erscheinungsbild der beiden unteren Geschosse.

**Rechts und unten** »Warme« Erdtöne bestimmen das Farbkonzept im Schlafzimmer und im anschließenden Bad.

**Links** Dank niedriger Brüstung – mit außenseitiger Absturzsicherung – können auch die Kleinsten auf Augenhöhe aus dem Fenster des straßenseitigen Kinderzimmers blicken.

**Rechte Seite** Anmerkung zu den Grundrissen: Im Unterschied zur Plandarstellung wurde der gartenseitige Fassadenrücksprung im Garten- und Erdgeschoss bei dem fotografierten Endhaus zugunsten größerer Innenräume nicht ausgeführt.

**Rechte Seite unten** Die 13 Häuser erstrecken sich über vier Geschosse; sie beweisen eindrucksvoll, dass auch auf engstem Raum hohe Wohnqualität möglich ist – mit 6 Metern fiel die Breite der Einheiten nicht größer aus als bei typischen Standard-Reihenhäusern.

**Links** Die Gärten geben sich als kleine, begrünte Höfe, von denen aus man Zugang zur künstlichen Gracht hinter den Häusern hat.

Gartengeschoss

**Projektinformationen**
**Fassade** Putz, weiß
**Fenster** Aluminiumrahmen
**Bodenbeläge** Anröchter Dolomit, Eichenparkett
**Wohnnutzfläche** 195 m²

**Fotos** Ralf Rautenberg, Köln (Außenaufnahmen); Johannes Kottjé, Marktredwitz (Innenaufnahmen)

# UNKONVENTIONELL HOCH DREI

## Dreispänner einer Bauherrengruppe ‖ KM architekten, Ahnatal-Weimar

Gemeinsam geht's leichter – das sagen sich immer öfter Bauherren von Einfamilienhäusern, schließen sich zusammen und bauen in der Gruppe. In Verbindung mit einem guten Architekten eine vernünftige Alternative zum Kauf eines Hauses vom Bauträger, denn Entwurf und Bauqualität können so von den zukünftigen Bewohnern mit beeinflusst werden.

**Links** Bauen am Hang ist meistens eine Herausforderung: hier wurden straßenseitig Garagen in den Hang geschoben, auf diesen finden sich die Gärten.

**Rechts** Vor den Hauseingängen zwischen Haupt- und Hinterhaus finden sich geschützte Sitzplätze.

Blick vom Wohnraum zum Garten: zwischen den gegenüberliegenden Häusern hindurch bietet sich ein weiter Ausblick.

Das zur Verfügung stehende Grundstück lag in städtischer, gewachsener Wohnlage an einem steilen Hang. Derartige Hanggrundstücke stellen immer wieder eine besondere architektonische Herausforderung dar, gilt es doch hier, nicht nur *auf* einem Grundstück zu bauen, sondern meist in Form von Hanggeschossen auch *in* das Grundstück hinein.

Die Architekten der Baugruppe gingen hier einen besonderen Weg: Straßenseitig fingen sie den Hang mit einer Garagenzeile ab. Die drei Wohnhäuser in Form eines Dreispänners beginnen erst auf Ebene des Garagendachs. Sie liegen hinter den Garagen, deren Dach somit als südorientierter Garten gestaltet werden konnte – zugleich abgehoben vom Straßenniveau und somit trotz geringer Größe verhältnismäßig gut gegen Einblicke geschützt.

Der Zugang sollte von der Nordseite aus erfolgen – dort steigt jedoch der Hang an. Die Planer fanden eine höchst unkonventionelle Lösung: sie teilten den Dreispänner in ein vorderes Hauptgebäude und ein kleines Hinterhaus und verbanden beide durch Brücken in den Obergeschossen jeder Wohneinheit. So konnte zwischen Vorder- und Hinterhaus ein Erschließungsweg entlanggeführt werden, der zugleich als schattiger Sitzplatz dient.

**Oben links** Alles andere als typische Sanitärraum-Atmosphäre bietet das Bad mit viel Holz.

**Mitte** Die Brücke zwischen Haupt- und Hinterhaus dient als kleine Bibliothek; hier der Blick vom Schlafzimmer aus.

**Rechts** Das Schlafzimmer im Hinterhaus wird dreiseitig belichtet; im Bett liegend kann man die Sterne beobachten.

**Linke Seite** Der Essplatz trennt Küche (links) und Wohnraum (rechts).

Im Hinterhaus wurden im Erdgeschoss Kellerersatzräume und im Obergeschoss Schlafräume untergebracht. Die Grundrisse wurden für jede Baufamilie, entsprechend den individuellen Bedürfnissen der Bauherren, unterschiedlich gestaltet.

Der hintere steile Grundstücksbereich ergänzt als nutzbare Freifläche die südlichen Gärten. Zusätzlich bietet eine große Dachterrasse vor dem oberen Geschoss des Haupthauses eine Rückzugsmöglichkeit mit Panoramablick über das Kasseler Becken.

Aufgrund ihrer ungewöhnlichen baulichen Situation sind die Häuser noch mehr miteinander verwoben als übliche Vertreter des Bautyps. Mit ihren geschützten Freibereichen bieten sie dennoch mehr Privatsphäre als manch anderes Reihenhaus und dank Kalksandstein-Mauerwerk ist auch der Schallschutz kein Problem.

Der Entwurf zeigt eindrucksvoll, wie auch bei der vermeintlich eingeengten Bauaufgabe »Reihenhaus« durch intelligentes Nachdenken individuelle, optimale Lösungen gefunden werden können – und seien sie noch so unkonventionell!

## Projektinformationen

**Fassade** Wärmedämmverbundsystem; Putz weiß
**Fenster** Holzrahmen (Meranti)
**Bodenbeläge** Steinzeug, grau; Buchenparkett, geölt
**Gartenterrasse** Sandstein
**Dachterrasse** Holzroste, Douglasie, druckimprägniert
**Wohnfläche** 180 m² zzgl. 33 m² Nutzfläche

**Fotos** Johannes Kottjé für Silka Kalksandstein

**Unten links** Büsche trennen die straßenseitigen Gärten voneinander, auf übliche Trennwände wurde verzichtet.

**Unten und rechte Seite unten links** Terrassen vor, hinter und auf dem Haus: rückseitig wurde vor dem Schlafzimmer eine lauschige Terrasse hinter dem Hinterhaus in den Hang gegraben; straßenseitig steht neben der Gartenterrasse eine große Dachterrasse vor dem Staffelgeschoss zur Verfügung.

**Rechte Seite unten rechts** Der Zugang zu den Häusern zwischen Haupthaus (links) und Hinterhaus.

Erdgeschoss

Obergeschoss

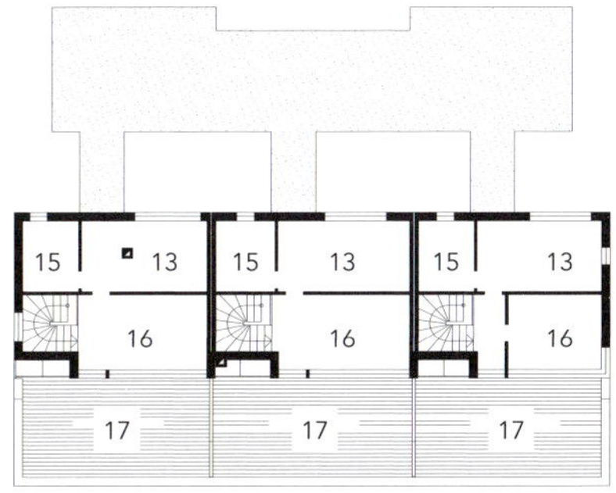

Dachgeschoss

1 Diele
2 WC
3 Wohnen
4 Wohnküche
5 Küche
6 Essdiele
7 Terrasse
8 Garage
9 Lagerkeller
10 Schlafen
11 Hauswirtschaft
12 Bad
13 Abstellraum
14 Zimmer
15 Heizung/Technik
16 Arbeitszimmer
17 Süddachterrasse

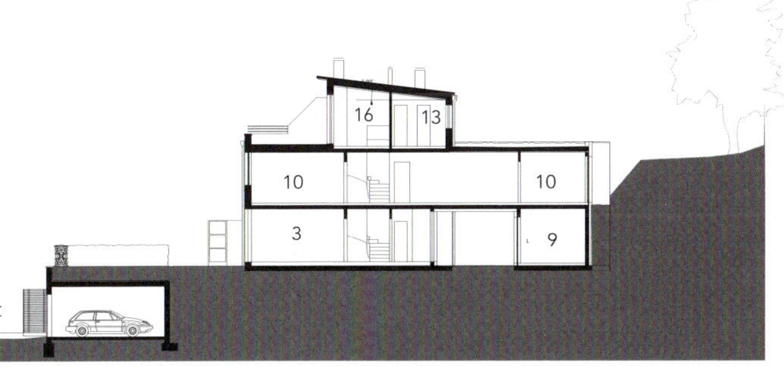

Schnitt

# DAS HAUS ALS RAHMEN

## Häuserzeile in Murten || awerk architekten ag, Murten/CH

Reihenhauszeilen leiden häufig an einer von zwei konträren Erscheinungen: redundante Eintönigkeit oder schrille Heterogenität. Eine Häuserzeile im schweizerischen Murten zeigt eindruckvoll, wie sich das Bedürfnis der Bewohner nach individueller Ausgestaltung und die notwendige Homogenität verbinden lassen.

**Links alle** Die Eingangsseite wird durch eine Rahmenkonstruktion in Sichtbeton gefasst; deren zusammenfassende Gestaltungskraft ermöglichte völlig individuelle, überdachte Vorbereiche, die sich zum Straßenraum öffnen, ohne dass hierdurch das häufig anzutreffende, unästhetisch heterogene Erscheinungsbild entstand.

Mediterran richteten sich die Bewohner dieses Hauses ein; der hofartig geschützte Gartenraum wurde hier für einen Pool mit großer Terrasse genutzt.

**Links und rechte Seite beide** Bei fünf der acht Häuser findet sich im Erdgeschoss eingangsseitig eine große Essküche, die durch die quer verlaufende Treppe vom gartenseitigen Wohnraum abgetrennt ist; bei den übrigen drei Einheiten wurde hier ein Schlafraum oder Büro untergebracht, die Küche samt Essplatz gartenseitig (Seite 47 unten); in diesen Fällen wurde der Wohnbereich im Obergeschoss angeordnet (Seite 47 oben).

Das Team von awerk architekten plante die insgesamt acht Wohneinheiten für ein neues Wohngebiet. Der Gesamtbaukörper besteht aus einem zweigeschossigen Riegel mit frei stehend aufgesetzten Attikageschossen. Homogenität verbunden mit Individualität – bereits hier kommt dieser Entwurfsgedanke zum Ausdruck.

Von Bedeutung für diesen waren auch die Ausgestaltung des eingangsseitigen Übergangs vom öffentlichen zum privaten Raum sowie die Grundkonzeption der acht Gärten. Letztere werden heute durch mannshohe Sichtbetonwände deutlich getrennt und nach außen abgeschottet. Ebenfalls in Sichtbeton gehalten wurde die Gestaltung der Vorbereiche der Eingangstüren zur Straße. Hier entstanden überdachte Vorzonen, die einerseits deutlich den einzelnen Häusern zugeordnet sind, sich aber andererseits noch komplett zum Außenraum hin öffnen.

Auf den ersten Blick mögen die räumlichen Sichtbetonfassungen zu beiden Gebäudeseiten für eine Wohnanlage recht brutal wirken – bezieht man beim zweiten Blick mit ein, was sich innerhalb der jeweils acht Bereiche abspielt und betrachtet man das entstandene Gesamtbild, wird die Intelligenz des Entwurfs deutlich: auch hier hat sich jeder Bewohner in seinem Garten verwirklicht, auch hier begrüßt jeder seine Gäste mit individuellen Elementen – dennoch zerfällt die Anlage optisch nicht. Wie Rahmen halten die Betonfassungen die Außenbereiche zusammen.

Während das Äußere recht durchgängig ausfiel, standen im Innern lediglich die Gesamtkubatur der Geschosse sowie die Lage der Treppen fest. Die Raumorganisation wurde unterschiedlich nach den Wünschen der Bewohner gestaltet. Mal wurde das Erdgeschoss als durchgängig offener Wohn-/Essraum mit integrierter Küche gestaltet, mal findet sich

straßenseitig ein Gästeappartement, gartenseitig eine Wohnküche und der Wohnraum wurde ins Obergeschoss verlegt. Dort finden sich ansonsten die Schlafräume. Das Attikageschoss wurde durchgängig als großer Studioraum mit unterschiedlichsten Nutzungsmöglichkeiten ausgeführt. Davor findet sich jeweils eine Dachterrasse, untypisch angeordnet zwischen zwei der Staffelgeschosse und somit intim vor Einblicken von unten geschützt.

**Oben** Die Holzbauweise blieb bei den Deckenuntersichten erkenntlich, hier in einem Schlafraum.

**Links** Ungewöhnlich großzügig für ein Reihenhaus fiel die einläufige Treppe aus; ein schmaler Luftraum verbindet die Geschosse auch optisch.

**Oben und rechts** Ein anderer Gartenhof: anstelle des Pools von Seite 45 legten die Bewohner dieses Hauses ein Goldfischbecken an.

**Oben** Dachterrassen zwischen den Staffelgeschossen bieten einen völlig blickgeschützten Freibereich.

**Unten** Die Gärten wurden mannshoch mit markanten Sichtbetonwänden umschlossen; was ungestaltet unwohnlich wirken mag, beweist seine gestalterische Qualität nach individueller Anlage der entstandenen Hofräume durch die Bewohner.

## Projektinformationen

**Besonderheiten** Holzrahmenbauweise, »Minergie-Standard«
**Fassade** Putz auf Holzfaserdämmplatte
**Wohnfläche** ca. 148–180 m² zzgl. ca. 65–75 m² Nutzfläche

**Fotos** Corinne Cuendet, CH-Clarens

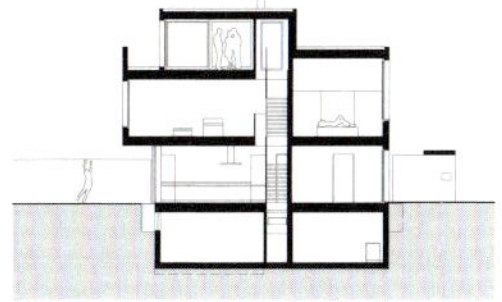

Schnitt

Dachgeschoss

Obergeschoss

1 Dachterrasse
2 Zimmer
3 Bad
4 Wohnen
5 Essen/Kochen
6 WC

Erdgeschoss

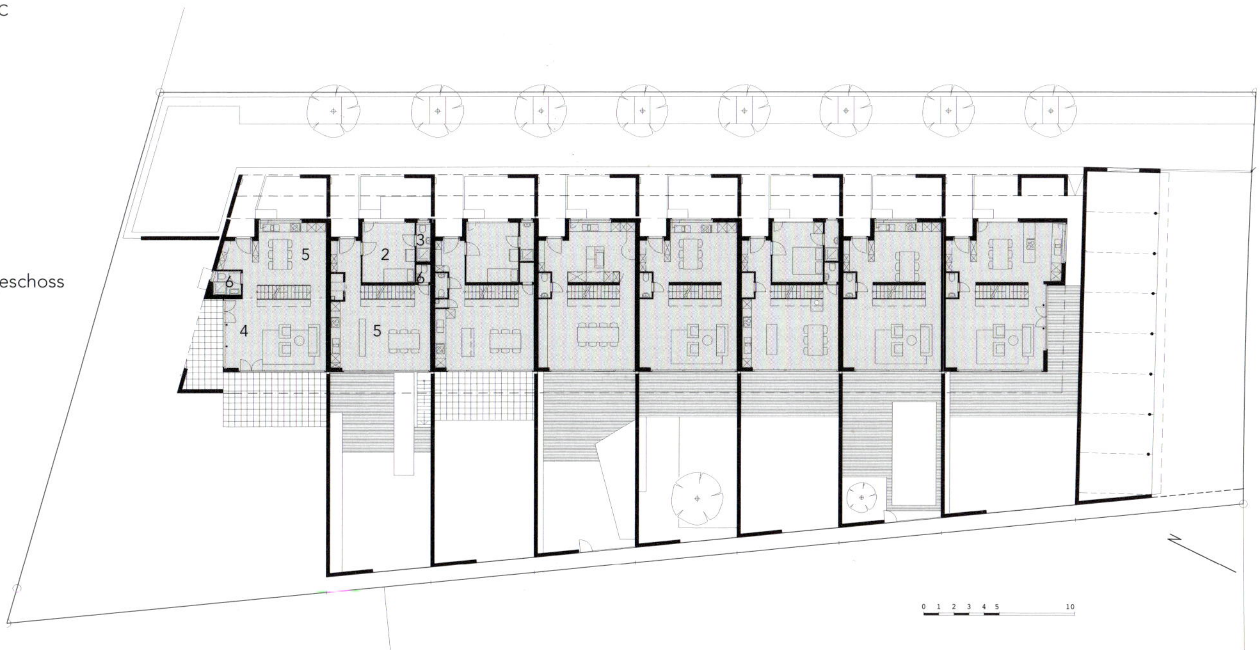

# HARMONISCH-KONTRASTREICHE UMGESTALTUNG

Renovierung und Erweiterung eines Reihenendhauses ||
Unterlandstättner Schmöller Architekten, München

Zugegeben: so nobel wie das hier vorgestellte, sind die wenigsten Wohnbauten der Kategorie »Reihenhaus«. Doch das knapp hundertjährige, nun restaurierte Gebäude zeigt eindrucksvoll auf, was sich aus einem Haus dieses Bautyps mit einigen durchdachten Maßnahmen machen lässt – Ideengeber und Mutmacher auch für deutlich schlichtere Renovierungsprojekte!

**Links** Das Haus bildet den Abschluss einer historischen, heterogenen Wohnhauszeile.

**Rechts** Der Garten wurde um ein halbes Geschoss ausgegraben, die Räume im Souterrain liegen hier somit ebenerdig.

**Rechte Seite** Schon der noble Eingangsbereich mit hoher Decke und ausschweifender Treppe unterscheidet sich von üblichen Reihenhäusern.

**Rechts und unten** Das Bad wurde offen in das Schlafzimmer integriert: ein Einbauschrank dient als Raumteiler zum Schlafbereich, hinter der Badewanne mit hoher Rückwand verbergen sich die Dusche sowie die Toilette (nicht im Bild).

**Ganz rechts** Im nun vollverglasten Souterrain wurde ein Saunabereich eingerichtet; hinter einem kleinen Einbauschrank finden sich eine Dusche und eine Toilette.

Das heute denkmalgeschützte Anwesen wurde um 1912 von Lorenz Krieg als historisierendes Reihenhaus erbaut. Der Umbau durch Unterlandstättner Schmöller Architekten umfasste nun einerseits den Rückbau des zuletzt als Dreifamilienhaus genutzten Projekts, die Restaurierung und teilweise Wiederherstellung des historischen Bestands sowie einen bewusst modern gehaltenen Anbau im Souterrain.

Die noch vorhandenen Kastenfenster wurden saniert, die nachträglich eingebauten Gauben durch stilistisch adäquate Exemplare ersetzt, später eingefügte Innenwände eliminiert.

Der komplett verglaste Anbau des Souterrains erweiterte den Wohnraum des Untergeschosses und bietet einen ebenerdigen Gartenzugang sowie auf seinem Dach eine Terrasse vor dem Erdgeschoss. Klappbare Holzlamellenläden dienen als Sicht- und Sonnenschutz und prägen das Erscheinungsbild. Ein Steg verbindet die Dachterrasse mit der bestehenden Außentreppe und stellt so die ehemaligen Funktionszusammenhänge wieder her.

Auch der neue Innenausbau verbindet gekonnt denkmalpflegerische Vorgaben und heutige Anforderungen an ein zeitgemäßes Einfamilienhaus. So treffen hier moderne Einbauten und Möbel auf den Charme von aufwändig

Klappbare Holzlamellenläden dienen im Souterrain als Sicht- und Sonnenschutz.

sanierten bestehenden Bauteilen und bilden ein harmonisches Miteinander.

Im Erdgeschoss wurden die kleine Küche und der ehemalige Freisitz zum Wohnraum hin geöffnet und bilden nun mit den neuen raumhohen Verglasungen und Türen einen offenen, hellen Raumverbund mit Terrassenanschluss.

Die Schlaf- und Arbeitsräume der Obergeschosse wurden umfangreich mit Einbaumöbeln nach Entwurf der Architekten ausgestattet. Auch sämtliche neuen Raumunterteilungen bestehen aus Einbauschränken. Dieses Konzept trug dazu bei, dass trotz der vergleichsweise kleinen Räume ein offener, angenehmer Raumeindruck entstehen konnte.

Wenige Oberflächenmaterialien, durchgängig eingesetzt, bestimmen den Charakter der Innenräume: sämtliche Möbeleinbauten wurden mit einer matten, weißen Lackierung versehen, Grifffugen als Ebenholzdetails gestaltet, der Boden mit warm wirkender Räuchereiche belegt. In den Nassbereichen kamen hochwertige Natursteinarbeiten zum Einsatz.

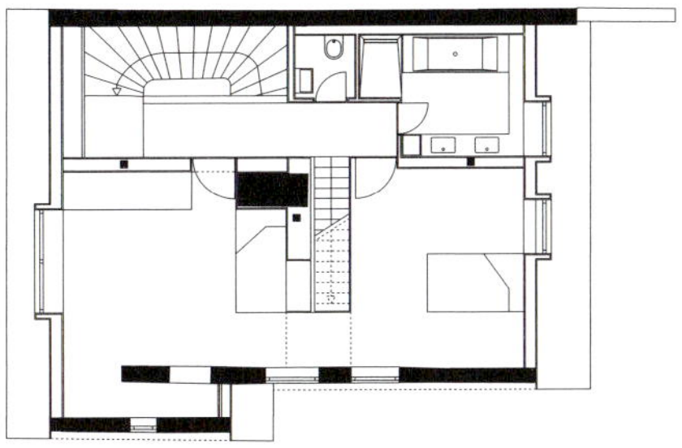

1. Dachgeschoss

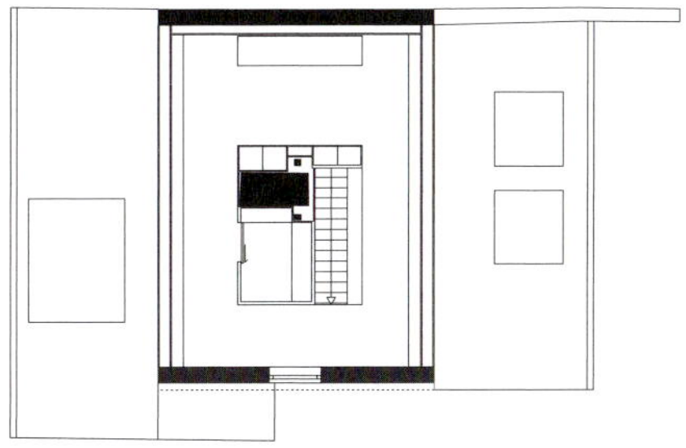

2. Dachgeschoss

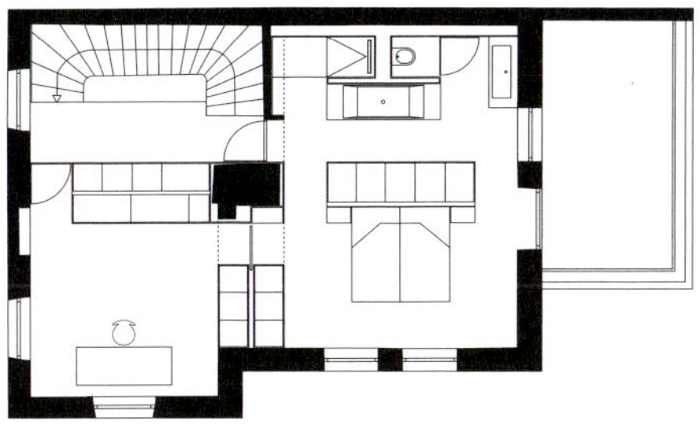

Obergeschoss

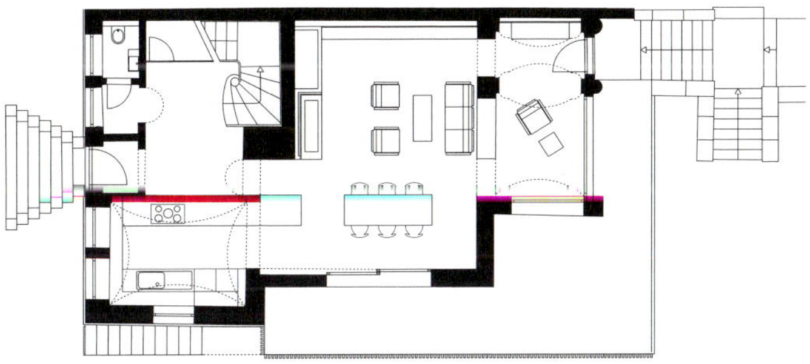

Erdgeschoss

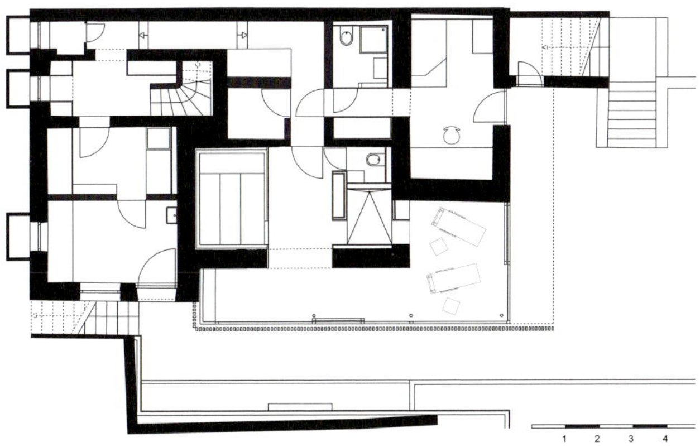


Kellergeschoss

## Projektinformationen

**Fassade** Historische Putzfassade mit Stuckelementen
**Bodenbeläge** Eiche, Landhausdiele Dreischicht, geräuchert, Oberfläche mit einpolierten Farbpigmenten, matt lackiert; Naturstein Windfang/Diele/WC: Grigio Persico, seidenmatt geschliffen
**Wohnfläche** 292 m² zzgl. 46 m² Nutzfläche

**Fotos** Michael Heinrich, München

# ANS LICHT GEBRACHT

## Hanghaus in Freising ‖ Scholz & Kirchmann Architekten, Freising

Der Bauplatz des Hauses verlangte nach einer durchdachten Lösung: die Umgebung eine typische Altstadtbebauung mit engen Gassen, aneinander gebauten, unmittelbar an der Straße stehenden Häusern. Der rückwärtige Teil des Grundstücks ein steil und hoch ansteigender Hang. Eine allseits einschränkende Situation!

**Links** Mit zweigeschossiger, grenzständiger Lochfassade präsentiert sich der Neubau zur Straße.

**Rechts** Zwischen dem rückseitigen Steilhang und den oberen Geschossen wurde auf dem in den Hang geschobenen Untergeschoss eine kleine Rasenfläche angelegt.

Der bis unters flach geneigte Dach reichende Wohnraum gibt sich im Unterschied zum Essplatz eher introvertiert.

Vom Essplatz aus schweift der Blick über die Dächer der Stadt.

Die Architekten Heidi Scholz und Jürgen Kirchmann wollten die Innenraumatmosphäre des neu geplanten Hauses von der Enge des Bauplatzes befreien. Besonders der Wohn-/Essbereich sollte »ans Licht gebracht« werden. Die übliche Anordnung »unten wohnen, oben schlafen« wurde aus diesem Grund umgekehrt: Der Wohnbereich findet sich im zweiten Obergeschoss. Ausgebildet als Staffelgeschoss, bietet es in Fortsetzung des straßenseitigen Essbereichs mit offener Küche eine südorientierte Dachterrasse – ein Freibereich, der die Wohnqualität nochmals erhöht, hoch genug über der Straße, um Lärm und Einblicke außen vor zu lassen.

Vom Essplatz durch die halbhohen Brüstungen der einläufigen Treppe getrennt, wurde gartenseitig der Wohnraum angeordnet. Ein bodentiefes Fenster mit französischem Balkon ermöglicht hier zumindest ein Stück weit den Bezug zum Garten am Hang.

In den beiden unteren Geschossen liegen die Schlaf-, Arbeits- und Nebenräume. Das Erdgeschoss wurde über die hintere Gebäudekante hinweg an den Hang herangeschoben und bietet so rückwärtig einerseits Kellerräume, andererseits konnten oberseitig eine Dachterrasse und eine kleine, hofartige Rasenfläche aufgebracht werden.

Die geschossweise Umkehrung der Wohnfunktionen konnte hier von Beginn an geplant und somit unter besten Voraussetzungen realisiert werden. Doch auch für manches konventionell geplante Einfamilienhaus ist sie eine Überlegung wert – und oft mit wesentlich weniger Aufwand zu realisieren, als man zunächst meinen möchte!

Blick vom Wohnraum über die Treppe zum zweiseitig verglasten Essplatz; hinten rechts die offen anschließende Küche.

**Links** Die halbhohen Brüstungen der quer zur Gebäudetiefe verlaufenden Treppe dienen zugleich als Raumteiler.

**Rechte Seite** Die Dachterrasse vor dem Essbereich grenzt in der Draufsicht unmittelbar an die Straße, bietet dank ihrer hohen Lage dennoch ein hohes Maß an Privatheit.

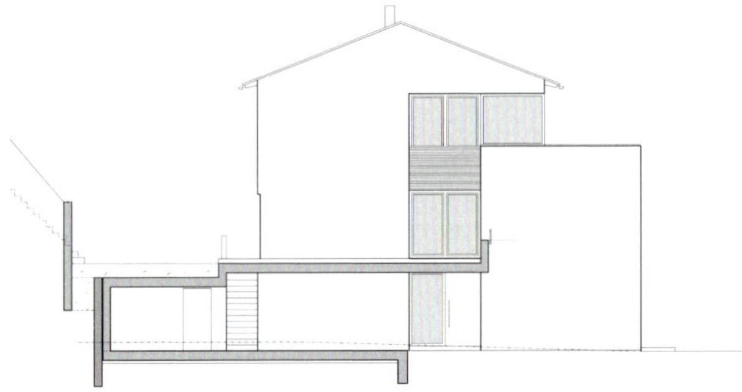

Ansicht von Westen

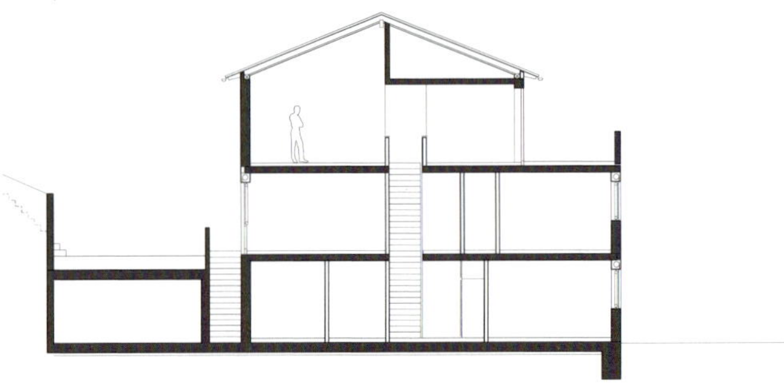

Längsschnitt

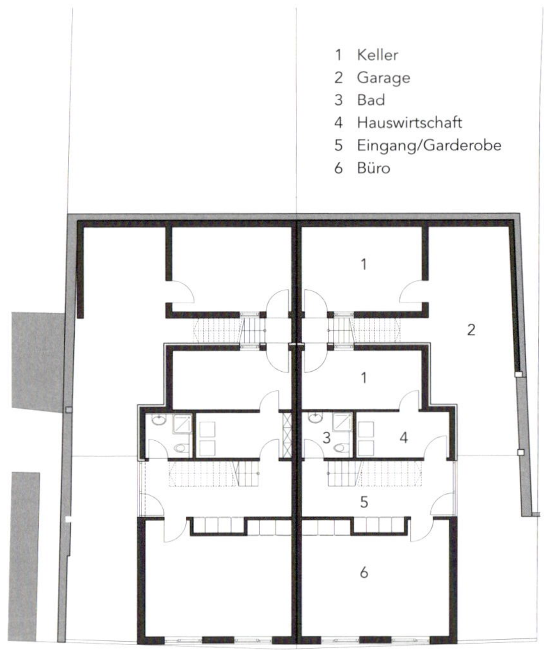


Erdgeschoss

## Projektinformationen

**Fassade** Wärmedämmverbundsystem; Außenwandverschalung: Lärchenholzleisten, gehobelt, natur; Fensterbänder: Fichtenholzbretter, gestrichen
**Fenster** Holz-Aluminium-Rahmen
**Bodenbeläge** Amerikanische Kirsche
**Wohnfläche** 163 m² zzgl. 22 m² Nutzfläche

**Fotos** Johannes Kottjé, Marktredwitz

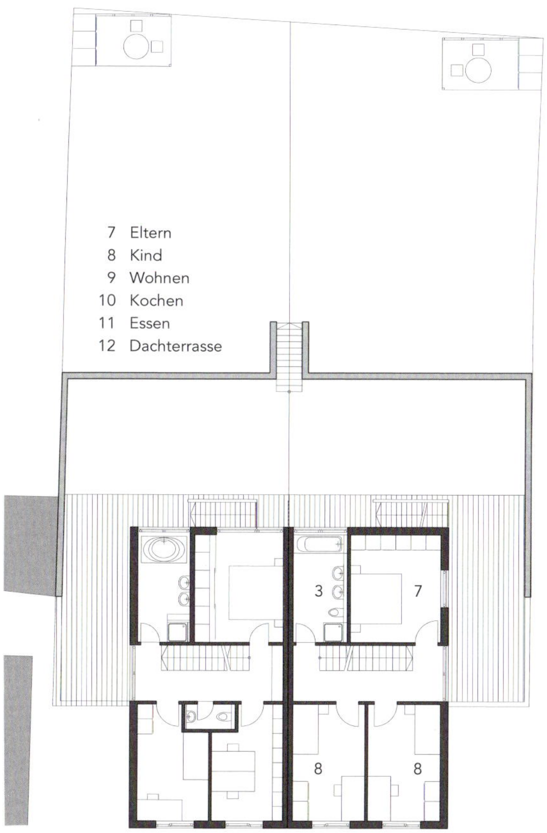


Obergeschoss

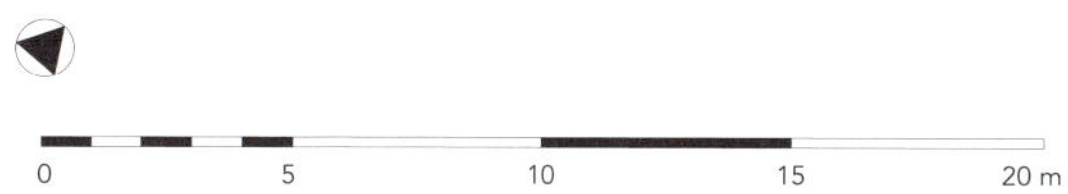


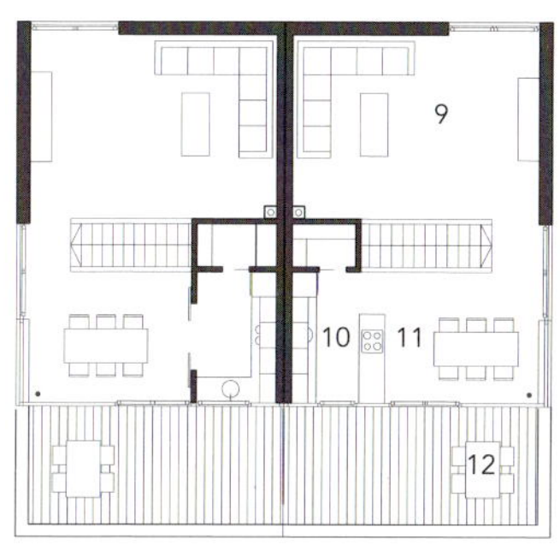


Dachgeschoss

# DOPPELSKULPTUR

## Doppelhaus in Kassel ‖ KM architekten, Ahnatal-Weimar

Ein grauer Sockel, darüber schwebend ein skulptural bearbeiteter, strahlend weißer Kubus – was klingt wie die Beschreibung eines abstrakten Kunstwerks, bezieht sich in diesem Fall auf ein Doppelhaus in einem Neubaugebiet.

**Unten beide** Die oberen Geschosse scheinen als skulpturaler Kubus über dem Erdgeschoss zu schweben.

Die Bewohner richteten das Innere als individuellen Kontrast zur Architektur ein.

**Links und unten** Gute Wohnarchitektur zeichnet sich oft dadurch aus, dass sie stilistisch unterschiedlichsten Einrichtungen als verbindender Rahmen dient und dennoch selbst erlebbar bleibt – mit diesem Doppelhaus lieferten die Architekten ein gelungenes Beispiel für diese These.

**Rechte Seite** Die Galerie dient als kleine Bibliothek.

Ein wenig fühlt man sich an Le Corbusiers berühmtes Doppelhaus in der Stuttgarter Weißenhofsiedlung erinnert: schwebend wirkende Obergeschosse, das oberste davon als Staffelgeschoss mit intimen Dachterrassen, der Baukörper als solcher ein Kubus mit Einschnitten und Fensterbändern.

Während jedoch Le Corbusier in der stilistisch adäquaten Umgebung der Weißenhofsiedlung bauen konnte, musste das Architektenteam um Keivan Karampour und Thomas Meyer mit einem typischen, in diesem Fall extrem heterogenen Neubaugebiet vorliebnehmen. Immerhin besticht die Lage des Grundstücks durch einen ausgesprochen schönen Fernblick, den man besonders von der kleinen straßenseitigen Dachterrasse aus genießen kann.

Der Wohnraum des Erdgeschosses und die Schlaf- und Arbeitsräume des ersten Ober-

**Oben** Gartenseitig steht vor dem Staffelgeschoss eine große Dachterrasse zur Verfügung.

**Rechte Seite** Als schattiger Rückzugsort mit Weitblick dient die kleine straßenseitige Dachterrasse.

geschosses sind bei der hier abgebildeten Haushälfte durch einen zweigeschossigen Luftraum verbunden. Die hierdurch entstandene Galerie dient als kleine Bibliothek. Im Staffelgeschoss steht ein großzügiger, beidseitig verglaster Atelierraum mit Bad zur Verfügung.

In einem durchaus harmonischen Kontrast zur modernen Architektursprache steht die teilweise antike Möblierung des Wohnhauses. Unterschiedliche Stilepochen wurden hier wie selbstverständlich zu einer wohnlichen Einheit miteinander verbunden.

Bei der Wahl des Baumaterials entschieden sich die Architekten für Kalksandstein-Mauerwerk. Zeitgemäß gibt sich die Haustechnik mit Lüftungsanlage und Solarthermie-Paneelen zur Warmwassergewinnung.

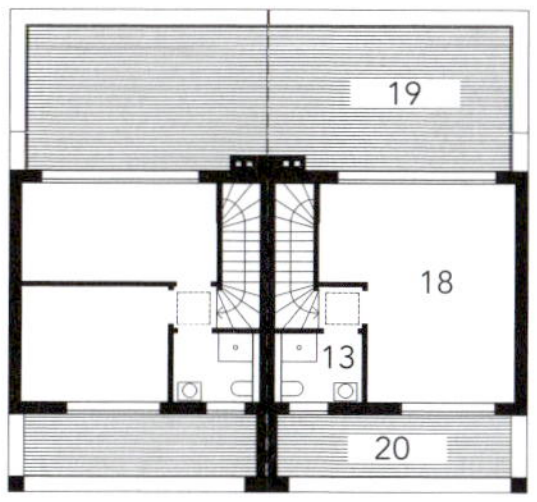


Dachgeschoss

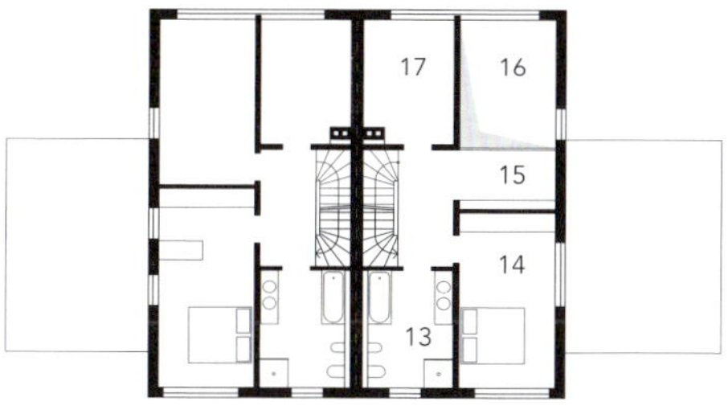


Obergeschoss

1 Keller
2 Hauswirtschaft
3 Lüftung
4 Heizung
5 Diele
6 WC
7 Abstellraum
8 Küche
9 Wohnen/Essen
10 Luftraum
11 Garage
12 Gartenterrasse
13 Bad
14 Schlafen
15 Galerie
16 Luftraum
17 Arbeiten
18 Gast/Arbeiten
19 Westterasse
20 Ostterasse

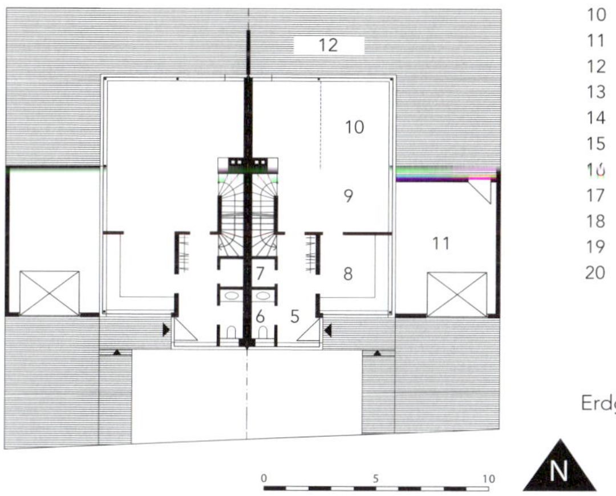


Erdgeschoss

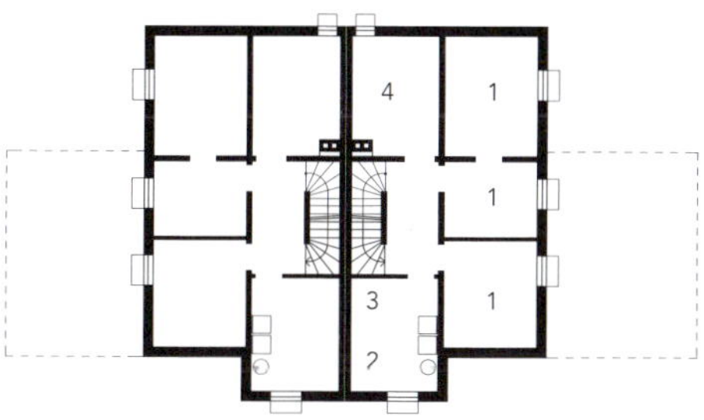


Kellergeschoss

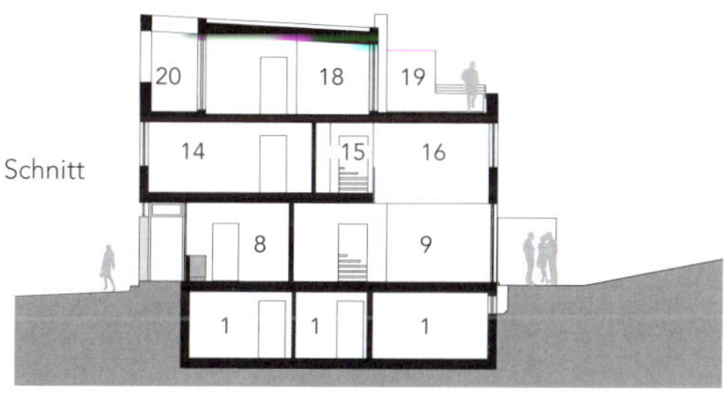


Schnitt

## Projektinformationen

**Fassade** Wärmedämmverbundsystem; Putz teils weiß, teils grau
**Fenster** Kunststoffrahmen, außen grau, innen weiß; Dreifachverglasung
**Bodenbeläge** Steinzeug, grau; Buchenparkett, geölt
**Wohnfläche** 155 m² zzgl. 77 m² Nutzfläche

**Fotos** Johannes Kottjé für Silka Sandstein

# AUS DER REIHE GETANZT

Reihenhaus in Karlsruhe ‖ baurmann.dürr Architekten, Karlsruhe

»Wenn wir bauen, dann mit einem Architekten«, entschied eine junge, souveräne Familie und schlug damit ganz bewusst einen völlig anderen Weg ein als die übrigen Bauherren des Neubaugebiets. Dies ist umso bemerkenswerter, als dass es sich um ein Reihenmittelhaus handelt – beidseitig von einer langen Reihe typischer Bauträger-Reihenhäuser umschlossen.

**Links und oben** Hinter dem Haus entwickelt sich der Garten von einer Terrasse aus den Hang hinauf.

Dank vollflächig verglaster Gartenfassade setzt sich der Wohnraum auf der Terrasse fast nahtlos fort.

**Links** Das Gartengeschoss wurde als durchgängige Wohnebene gestaltet; trotz aller Offenheit ist der Raum optisch deutlich in Wohnbereich und Küche zoniert.

**Rechte Seite** Licht, offen und großzügig wirkt der zweigeschossige Eingangsbereich; bereits hier stellt die Treppe ein markantes Merkmal des Raums dar.

Zwei Parameter bestimmten den Entwurf der Architekten: die Reihenhauszeile liegt am Hang, und die Garage musste in den Baukörper integriert werden. Somit liegen im Eingangsgeschoss des Hauses heute nur in den Hang gegrabene Nebenräume, während die Wohnräume eine Ebene weiter oben beginnen. Straßenseitig das erste Obergeschoss, schließt es als durchgängiger Allraum ebenerdig an den sich den Hang hinauf entwickelnden Garten an. Im obersten Geschoss finden sich heute zwei Schlafräume sowie ein offener Galerieraum, der bei Bedarf durch Einziehen einer Trockenbauwand als zweites Kinderzimmer abgetrennt werden könnte.

Einer der üblicherweise am stärksten vernachlässigte Teile eines Reihenhauses ist die Erschließung. Henning Baurmann und Martin Dürr kehrten diese Konvention ins Gegenteil um: Eine »Himmelstreppe« durchzieht die gesamte Tiefe des Hauses entlang der südlichen Gebäudetrennwand. Parallel zum ansteigenden Hang verlaufend, erschließt sie die einzelnen Ebenen »en passant«.

Durch Lufträume und raumhohe Fenster wird eine Großzügigkeit erreicht, die vergessen lässt, dass es sich um ein verhältnismäßig kleines Reihenhaus handelt.

Bautechnisch ist das Haus, dem niedrigen Budget gemäß, einfach gehalten: einschaliges Ziegelmauerwerk, Stahlbetondecken, Pfettendachstuhl, glatter Putz. Geheizt wird mit Fernwärme, ein Schwedenofen sorgt für Behaglichkeit im Wohnraum.

Das Herzstück des Hauses ist die Küche. Einer Kommandobrücke gleich kann man von hier aus mit allen Ebenen kommunizieren, außerdem hat man durch das große Nordfenster einen weiten Blick ins Tal.

**Oben** Die als »Himmelstreppe« angelegte vertikale Erschließung durchzieht das gesamte Haus parallel zum Hang.

**Rechts oben, Mitte und unten** Der zentrale Küchenblock setzt sich in einem Frühstückstisch fort.

**Rechte Seite** Der Erschließungsbereich im Obergeschoss wird unter anderem als Bibliothek genutzt; im Hintergrund Schlafzimmer und Bad.

## Projektinformationen

**Fassade** Putz (unmittelbar auf Ziegelmauerwerk); Lärchenholz-Bekleidung; Alucobond-Bekleidung
**Bodenbeläge** Granitfliesen (Entrée); Parkett, lackiert; Treppenstufen Massivholz, geölt
**Heizung** Fußbodenheizung mit Nahwärmeversorgung; Kaminofen im Wohnraum; Solarkollektoren zur Brauchwassererwärmung
**Wohnfläche** 164 m² zzgl. 21 m² Nutzfläche zzgl. 20 m² Garage

**Fotos** Johannes Kottjé, Marktredwitz

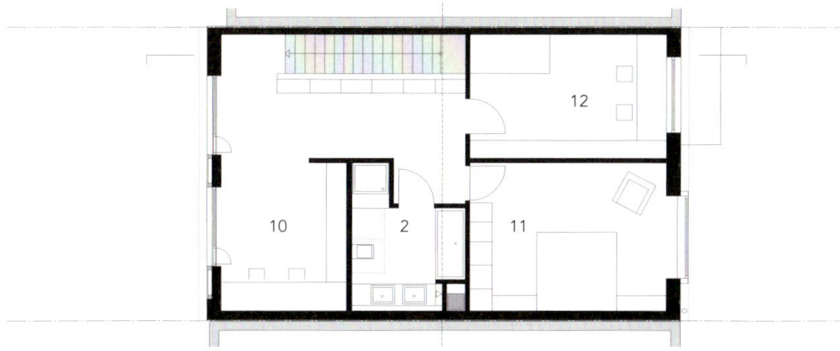


Dachgeschoss

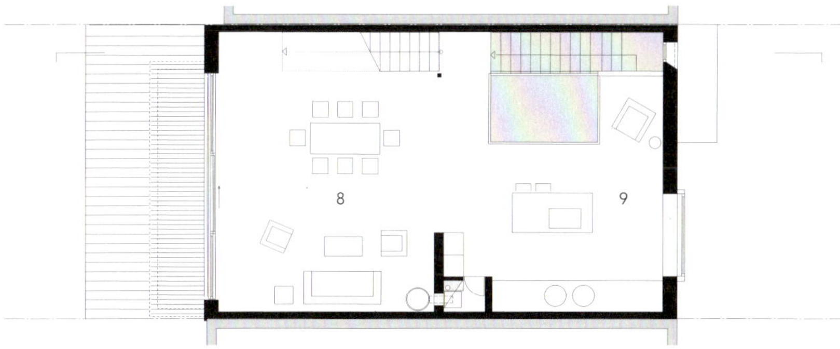


Obergeschoss

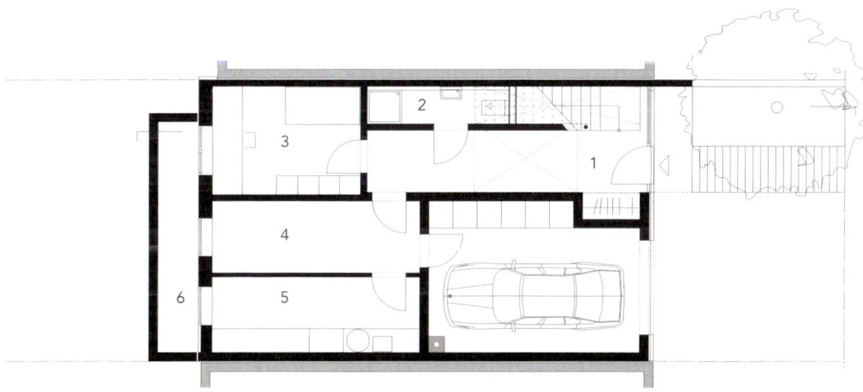


Erdgeschoss

| | | | |
|---|---|---|---|
| 1 | Eingang | 7 | Garage |
| 2 | Bad | 8 | Wohnen |
| 3 | Gast | 9 | Kochen/Essen |
| 4 | Keller | 10 | Lesen |
| 5 | Heizung | 11 | Schlafen |
| 6 | Lichtschacht | 12 | Kind |

# SYMBIOSE VON RAUM UND MOBILIAR

Reihenhausumbau in Essen ‖ Ekkehard Schröer, Essen

Durch Zufall entdeckten die heutigen Eigentümer dieses Haus von 1925. Es wurde noch vom Erstbesitzer bewohnt, als es in entsprechend verbrauchtem Zustand zum Verkauf stand. Kurzentschlossen griff die Familie zu, trennte sich von ihrem alten Zuhause – und bewohnt heute ein innenarchitektonisches Kleinod!

Die Gesamtkomposition aus alter Treppe, neuem Schrank und alles verbindendem Feinsteinzeugbodenbelag bestimmt den Eingangsbereich.

Hinter dem Essplatz öffnet sich der Wohnraum in den Garten.

**Links** Im Garderobenspiegel setzt sich der Schrank nochmals fort.

**Unten** Essplatz und Küche wurden mittels eines Wanddurchbruchs verbunden; auf voller Breite wurde ein zweiseitig zugängliches, scheinbar schwebendes Büfett eingefügt.

**Rechte Seite** Der neu gestaltete Wohnraum wird durch einen gemauerten Kamin (links) und einen vierseitig zugänglichen Schrank in Essplatz (vorne) und Wohnbereich zoniert; rechts das Büfett zwischen Essplatz und Küche.

Klare Strukturen, Reduktion auf das Wesentliche, kein »Schnickschnack« waren die gestalterischen Wünsche der Bauherren, Praktikabilität, Benutzerfreundlichkeit sowie unempfindliche Oberflächen die funktionalen. All diese Wünsche wurden bei der Neugestaltung der Innenräume umgesetzt. Nicht nur die Räume wurden neu geplant, auch ihre Ausstattung, die heute großteils in aufeinander abgestimmtem Einbaumobiliar besteht.

Etwa zwei Drittel des Erdgeschosses nimmt heute der Wohn-/Essraum ein. Der Raum ist nicht groß, wirkt aber dank der integrierten Möbel einladend und großzügig. Die straßenseitige Hälfte bietet eine Sitzgruppe am Kamin, zum Garten öffnet sich der Essplatz über bodentiefe Fenster. Zwischen Wohn- und Essbereich zoniert eine Einschnürung durch den Kamin und einen vierseitig zugänglichen Schrank den Raum. Zur Küche hin wurde ein breiter Wanddurchbruch angelegt. Im Unterschied zu heute oft gewählten offenen Küchen ermöglicht die Öffnung hier keinen Durchgang, sondern dient nur als Durchreiche über einem Büfett.

Wände und Decken wurden weiß gestrichen, der Fußboden mit farblich leicht changierendem Eicheparkett belegt. Für den Eingangsbereich kam anthrazitfarbenes Feinsteinzeug zum Einsatz.

Dank der geringen Anzahl an Materialien erhielt der Raum ein ruhiges, klares Ambiente, was ihm weitere Großzügigkeit verleiht.

Das Mobiliar stellt kein additives, optisch raumschluckendes Element dar, sondern wurde zum Bestandteil des Raums, der dadurch einen besonders prägnanten Charakter erhält. Zwei Möbel bestimmen den Raum: das erwähnte Büfett zwischen Essplatz und Küche, sowie der besonders markante, vierseitig zugängliche Wohnzimmerschrank am Durchgang zum Flur.

Hinter den Türen des Vierseitenschranks verbergen sich unterschiedlich tiefe, andersartig ausgestaltete Korpusse. So nimmt der Schrank von der Nische des Flurs aus die Garderobe auf, vom Wohnraum aus ist hinter den Türen die Stereoanlage mit Schubfächern untergebracht.

Neben den beiden Einbaumöbeln wurden lediglich noch Sitzmöbel und Tische eingestellt. Auch in Schlaf- und Sanitärräumen der oberen Geschosse bestimmen Einbaumöbel heute das Bild.

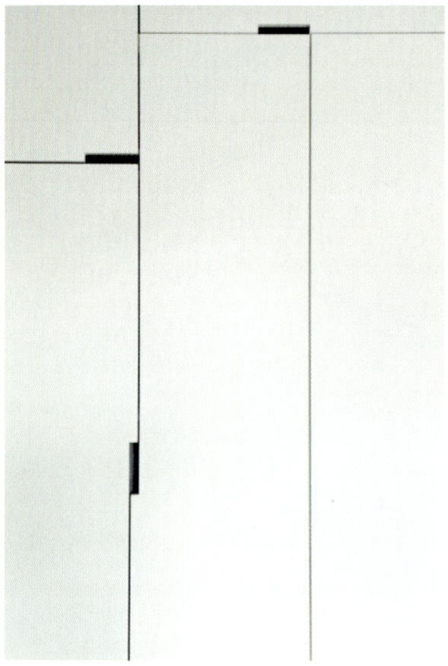

**Oben beide** Die Rückwand des Schlafraums im Dachgeschoss bildet ein Einbauschrank mit markantem Fugenmuster; rechts die Tür zum Bad.

**Unten beide** Betont hell gestaltete Ekkehard Schröer die Bäder mit Feinsteinzeugbelägen; im Kinderbad setzen markant-rote Einbauten Akzente, im Dachgeschoss findet sich hinter der Waschtischwand die Dusche.

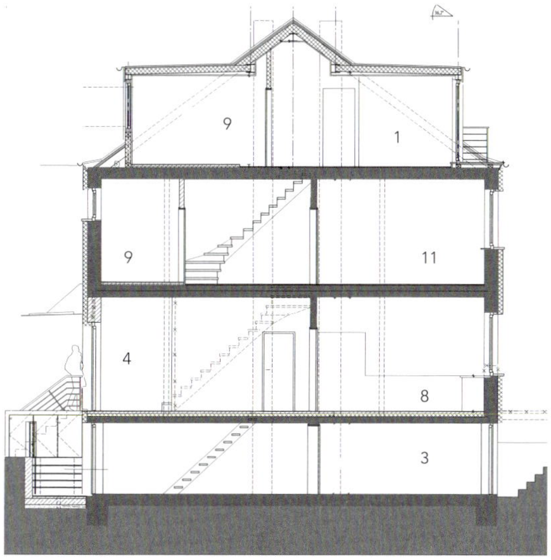


Schnitt

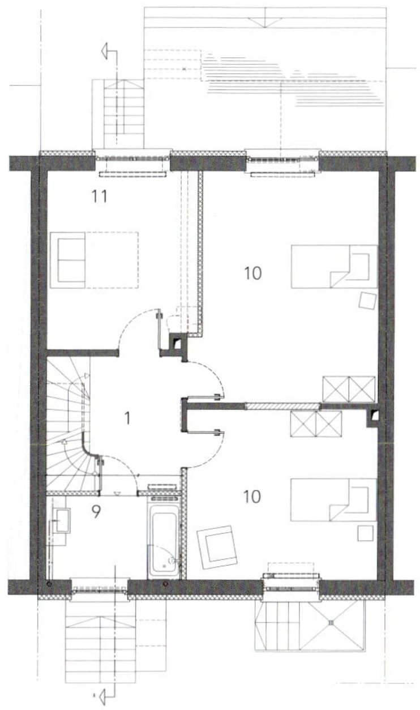


Obergeschoss

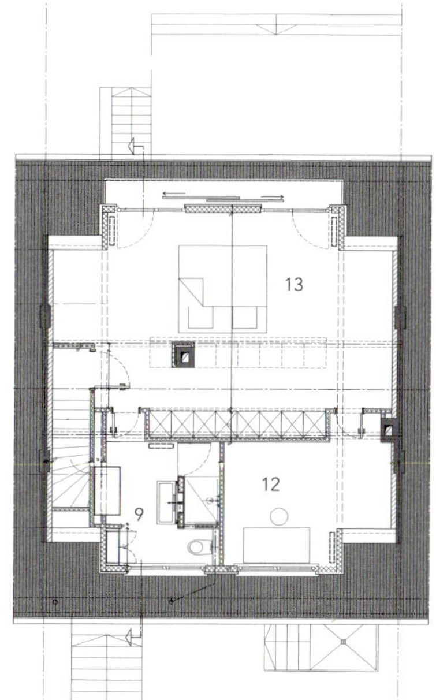


Dachgeschoss

1 Flur
2 Keller
3 Wasch- und Heizungskeller
4 Diele
5 Gäste-WC
6 Wohnen
7 Essen
8 Küche
9 Bad
10 Kind
11 Arbeit/Gast
12 Arbeiten
13 Schlafen/Ankleide
14 Terrasse

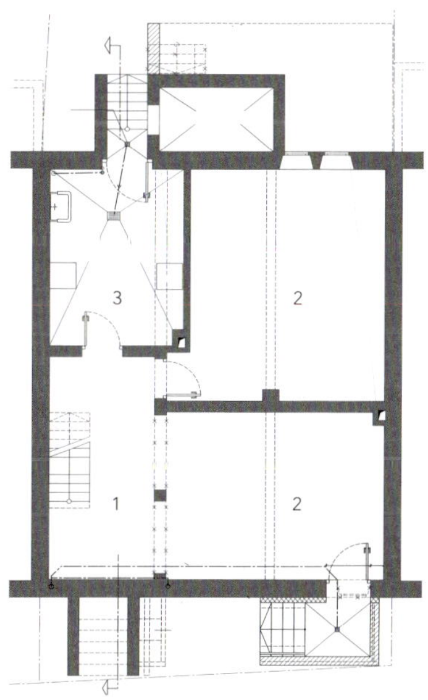


Kellergeschoss

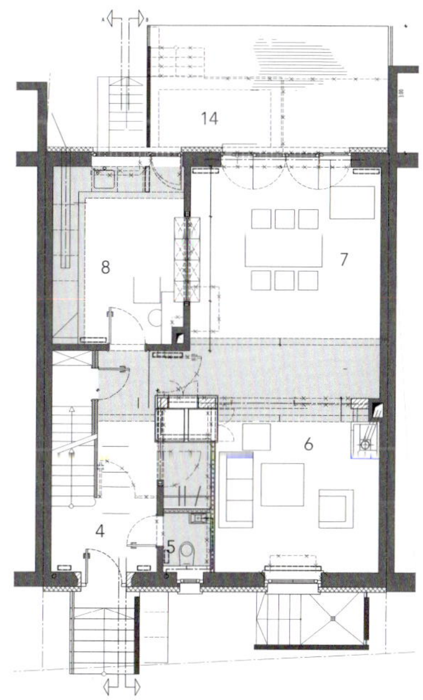


Erdgeschoss

## Projektinformationen

**Bodenbeläge** Eichenparkett, Feinsteinzeug
**Möbeloberflächen im Wohnbereich** kanadischer Ahorn
**Wohnfläche** 200 m² zzgl. 60 m² Nutzfläche

**Fotos** Peter Stockhausen, Essen

# WÄNDE RAUS, PLATZ REIN

An- und Umbau eines Siedlungshauses ‖ Innenarchitektur und Möbeldesign: Ekkehard Schröer, Essen

Wo es früher viele kleine Zimmer gab, gibt es heute derer nur noch zwei: einen durchgängigen Wohn-/Essbereich im Erdgeschoss und ein »Schlafbad« – einen großen Schlafraum mit integriertem Bad und vollflächigem Wandschrank am Giebel im Obergeschoss. Neue Räume entstanden in einem vielseitig nutzbaren Anbau. Ausgangspunkt für den Radikalumbau war der Wunsch der Bauherrin, in unmittelbarer Nähe zu ihren Eltern zu wohnen.

**Links** Gartenansicht des neuen Ensembles

**Ganz links** Ansicht von der Straße: Das Dachgeschoss des Altbaus wird nun von einem markanten Zinkblechbügel umfasst; rechts der Anbau.

Bei durchlaufender Decke liegt der Wohnbereich einige Stufen tiefer als das übrige Erdgeschoss.

1 Flur
2 Bad
3 WC
4 Schlafen
5 Gäste
6 Vorrat
7 Kochen
8 Essen/Wohnen
9 Kochen/Essen/Wohnen
10 Terrasse
11 Schlafen/Ankleiden/Bad
12 Sauna
13 Dachterrasse
14 extensives Gründach

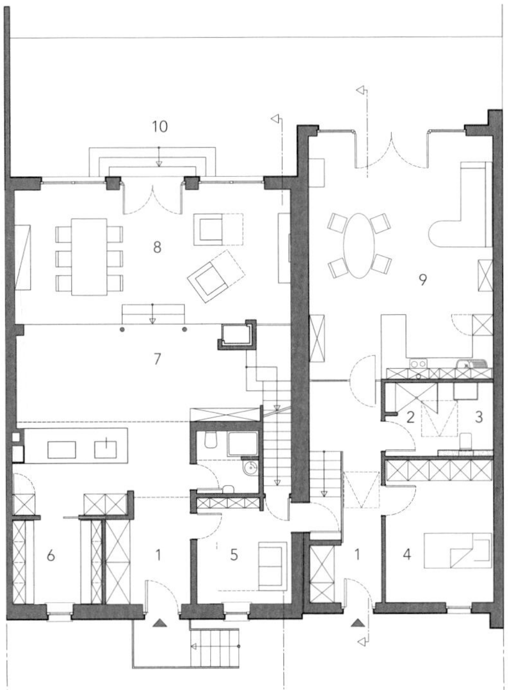


Erdgeschoss

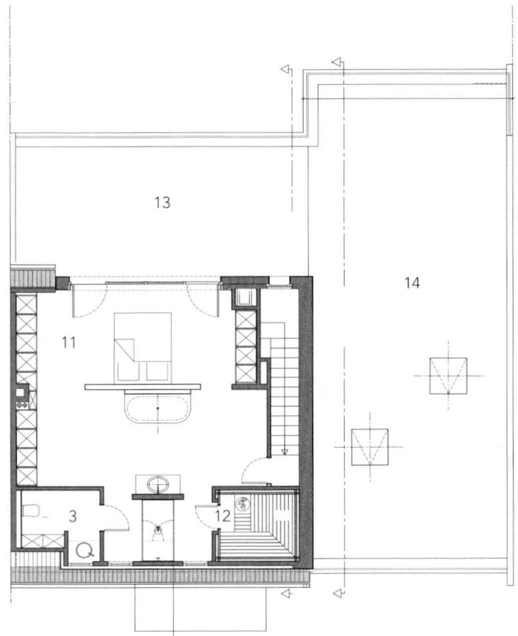


Obergeschoss

Als bauliche Basis hierfür stand das elterliche Siedlungshäuschen aus der Nachkriegszeit zur Verfügung: ein Reihenendhaus mit gut 5 Meter breitem, bebaubarem Garten zwischen Giebel und Garage.

In dieser Baulücke plante Ekkehard Schröer einen eingeschossigen Anbau mit eigenständiger, barrierefreier, rollstuhlgerechter Wohneinheit als Alterswohnsitz für die Eltern. In gleichem Zuge wurde das bestehende Wohnhaus den Bedürfnissen der Bauherrin und ihres Mannes entsprechend innen kernsaniert und außen facegeliftet, sodass ein zusammengehöriges neues Ensemble entstand.

Rückseitig wurde der Altbau in den hinteren Gartenbereich erweitert, die gemeinsame Dachfläche der Erweiterung und des Anbaus dient nun großteils als Dachterrasse, im Übrigen wurde sie extensiv begrünt.

Neu angelegte, hausbreite Gauben auf beiden Seiten des Satteldachs wurden mithilfe einer umlaufenden »Spange« aus Titanzink zusammengefasst.

Im Innern kamen edel wirkende Feinsteinzeugplatten als Bodenbelag zum Einsatz, die scheinbar nur verputzten Wände und Decken wurden vlieskaschiert, wodurch Rissen vorgebeugt und zusätzliche Gleichmäßigkeit erzielt wurde.

Der Anbau liegt einige Stufen tiefer als der Altbau. Der Variabilität seiner zukünftigen Nutzungsmöglichkeiten sind kaum Grenzen gesetzt – sei es in Verbindung mit dem Altbau oder abgetrennt, sei es als Wohnraumerweiterung, Einliegerwohnung oder Büro.

**Oben und unten** Das gesamte Dachgeschoss wird heute von einem großen Schlafraum mit integriertem Bad und vor den Giebel bündig eingefügtem Schrank eingenommen.

## Projektinformationen

**Fassade** Wärmedämmverbundsystem
**Wandinnenoberflächen** Vlieskaschierter Verputz
**Bodenbeläge** Feinsteinzeugplatten, 30 x 60 cm, grün-grau-blau changierend (Erdgeschoss); Feinsteinzeugplatten, quadratisch, cremefarben (Obergeschoss)
**Wohnfläche** 158 m² zzgl. 53 m² Nutzfläche zzgl. 65 m² Anbau

**Fotos** Peter Stockhausen, Essen

# EPOCHEN VERBINDENDES DOPPEL

Erweiterung eines Siedlungshauses zum Doppelhaus ‖
bsp architekten, Bochum

Üblicherweise verstehen wir unter einem Doppelhaus zwei zugleich errichtete aneinander gebaute Wohnhäuser von gleicher oder zumindest ähnlicher Architektur. All dies trifft auf das hier vorgestellte Projekt nicht zu. Vielmehr handelt es sich um einen bemerkenswerten Vorschlag zur städtebaulichen Nachverdichtung, der die Architektur zweier Epochen ganz selbstverständlich miteinander verbindet.

**Unten rechts** Die Fassade springt zum Altbau hin zurück, die Fassadengliederung wird kleinteiliger.

**Unten** Der Neubau passte sich in der Maßstäblichkeit dem bestehenden Haus an, sodass ein kontrastreiches, aber harmonisches Ensemble entstand.

Blick von der Küche über den Essplatz durch den Wohnbereich ins Grüne.

**Rechte Seite** Moderne Architektur in Sichtbeton, Weißputz und Holz, fast schon rustikal die Essplatzeinrichtung in Holz und Stahl: dass alles dennoch bestens harmoniert, liegt nicht zuletzt am ähnlichen Umgang mit den Materialien, die alle recht roh und unverfälscht belassen, höchstens mit einem Anstrich versehen wurden.

**Unten** Frei stehender Kamin im Wohnbereich

Nach Jahren des Bauens »auf der grünen Wiese« geht der Trend nunmehr zur innerstädtischen Nachverdichtung: Baulücken werden gefüllt, Grundstücke geteilt und bestehende Gebäude erweitert. Gerade in Regionen und Städten mit hohen Baulandpreisen werden zudem oft relativ kleine Häuser, die in der Nachkriegszeit auf damals noch preisgünstigem Land gebaut wurden, abgerissen und durch größere Neubauten ersetzt. Mag deren Architektur noch so qualitätvoll sein, regelmäßig fallen dieser Entwicklung gewachsene, homogene Ortsbilder zum Opfer und werden durch eine Ansammlung von Solitären ersetzt.

In vielen Fällen gäbe es hierzu Alternativen, die auch in der wirtschaftlichen Betrachtung mit der Variante Abriss und Neubau mithalten können. Als interessante Anregung hierfür kann dieses Projekt von bsp architekten dienen: ein bestehendes Siedlungshaus wurde modernisiert, der Grundriss durch Entfernen von Innenwänden geöffnet. Durch Anbau eines eigenständigen neuen Hauses entstand schließlich ein Doppelhaus, das das große Grundstück wesentlich besser ausnutzt, ohne

den Charakter der städtebaulichen Struktur zu zerstören.

Der Neubau gibt sich als kubisch-moderner Bau mit großen Fensterflächen nach außen und puristischer Materialität im Innern, glattweiße Oberflächen bestimmen das Bild, Holz und Sichtbeton setzen Kontraste.

Das alte Satteldachhaus und der neue Flachbau sprechen eine gänzlich unterschiedliche architektonische Sprache, und dennoch stehen beide so einträchtig nebeneinander, als wäre es nie anders gewesen. Die Architekten versuchten nicht, mit ihrem Entwurf den Bestand zu übertrumpfen, sondern vielmehr, ein harmonisches, neues Gesamtensemble entstehen zu lassen. Gelungen ist ihnen dies insbesondere durch Übernahme der vorgefundenen Maßstäblichkeit: die Traufhöhe wurde übernommen, das Obergeschoss als Äquivalent zum sich verjüngenden, dunkel gedeckten Satteldach als Staffelgeschoss mit Holzbekleidung ausgeführt. Zwar fiel der Neubau wesentlich breiter aus als der Altbau, wurde jedoch durch deutliche Fassadenrücksprünge proportional und maßstäblich passend gegliedert. Im nunmehr mittleren Abschnitt des Gesamtensembles wurde zudem die zweiflüglige Teilung der Fenster des Bestands übernommen.

**Oben beide** Bewusst puristisch gibt sich auch die offene, zweizeilige Küche; ein Fensterschlitz in der Sichtbeton-außenwand auf Augenhöhe bietet bei der Küchenarbeit einen akzentuierten Blick ins Grüne.

**Links** Neben dem Schlafzimmer im Obergeschoss wurde eine Sauna untergebracht.

**Rechte Seite** Unterschiedliche Terrassen auf der Gartenseite: geschützt im Rücksprung, großzügig im Garten sowie vor dem Staffelgeschoss als Dachterrasse.

**Unten** Der Zugang zum Neubau wurde als kleiner Eingangshof gestaltet; man beachte den zipfelbemützten »Türsteher«: gute Architektur verträgt auch augenzwinkernde Akzente!

## Projektinformationen

**Fassade** Wärmedämmverbundsystem, weiß verputzt; furnierte Holzträgerplatten
**Bodenbeläge** Eiche-Hochkantlamellenparkett, geölt; Basalt-Platten
**Wand- und Deckenoberflächen** Kalk-Zementputz, gespachtelt, weiß gestrichen
**Wohnfläche** 150 m² zzgl. Keller

**Fotos** Detlef Podehl, Unna

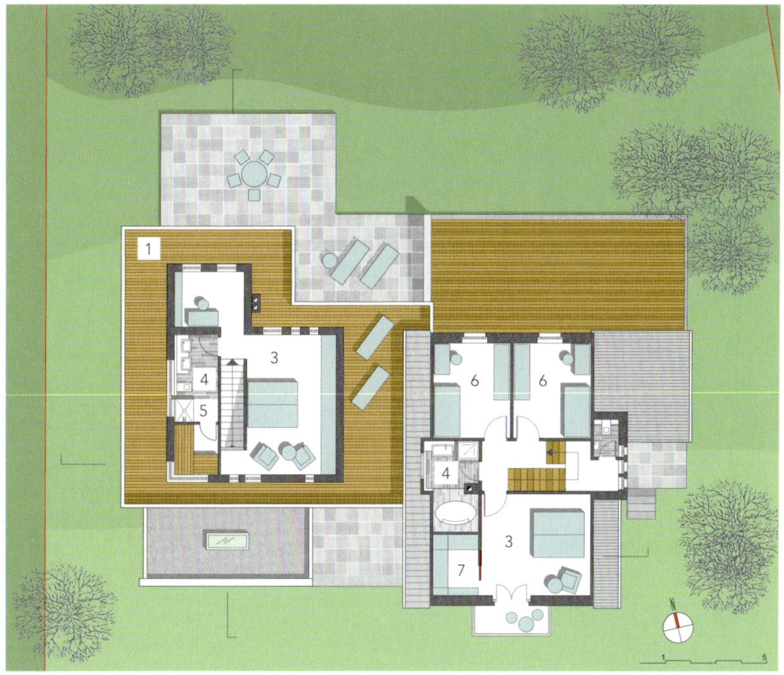

Obergeschoss

1 Dachterrasse
2 Arbeiten
3 Schlafen
4 Bad
5 Sauna
6 Kind
7 Ankleide
8 Wohnen
9 Essen
10 Kochen

Erdgeschoss

# DIE QUALITÄT DES NICHT VORHANDENEN

Doppelhaus in Norddeutschland ‖ Wolfgang Hofschröer, Rheine

Wenn Bauherren und Architekt sich zusammentun, kann auch ein auf den ersten Blick konventionelles Bauträgerprojekt zum anspruchsvollen Lebensraum werden. Wie so oft in der Architektur, zeigt sich auch bei diesem Beispiel: weniger ist häufig mehr – gleich ob architektonisch oder bei der Einrichtung.

**Links** Die Haustrennwand wurde »nasenförmig« übersteigert und dient somit als Sichtschutzwand zwischen den Terrassen.

**Rechts** Der Hauseingang liegt geschützt in einem Rücksprung; daneben das große Küchenfenster.

**Rechte Seite** Der Wohnraum wurde teilweise zweigeschossig ausgeführt; Essplatz und Küche liegen einige Stufen erhöht; hinten links der Hauseingang.

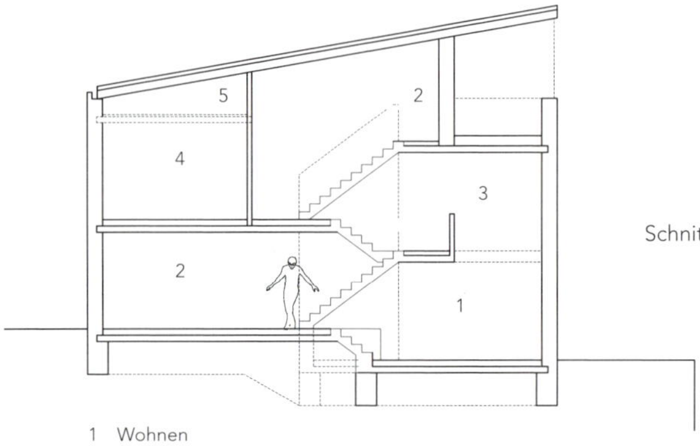


1 Wohnen
2 Flur
3 Empore
4 Bad
5 Stauraum

Schnitte

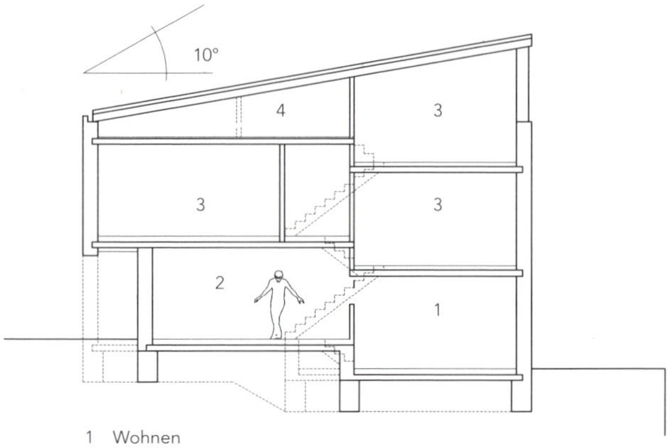


1 Wohnen
2 Kochen/Essen
3 Schlafen
4 Stauraum

Ein interessantes Lichtspiel illuminiert den Luftraum über dem Wohnbereich.

Es sind insbesondere die nicht vorhandenen Dinge, die dieses Haus vom vermeintlichen Standard zum beachtenswerten Doppelhaus werden ließen. Architektonisch sind es die nicht vorhandenen Schnörkel, Erker oder Gauben; das nicht vorhandene, in Eigenregie über den Eingang geschraubte Vordach – es erübrigte sich dank eines Fassadenrücksprungs im Erdgeschoss; die nicht vorhandene Decke oberhalb des Wohnraums – noch dazu wurde der geschossübergreifende Luftraum gekonnt illuminiert.

Innenarchitektonisch sind es die nicht vorhandenen Einrichtungsgegenstände; die nicht vorhandene Schrankwand im Wohnraum – ästhetisch arrangierte, kleine Stücke ersetzen sie; die nicht vorhandenen, willkürlich platzierten und gemischten Bilder an den Wänden – bewusst angeordnete, wenige moderne Kunstwerke finden sich an ihrer Stelle.

Eigentlicher Mittelpunkt des Hauses ist der Essplatz oberhalb des Wohnbereichs; über einen indirekten Lichtkranz wird er beleuchtet.

**Oben** Stilistisch zeitgemäß gibt sich das Bad.

**Oben rechts** Keine Reminiszenz an die Postmoderne, sondern der Zugang zum Kriechboden im flacheren Teil des Dachgeschosses.

**Unten links** Das große Fenster des Schlafzimmers wurde als »französischer Balkon« ausgeführt.

**Unten** B estens ausgeleuchtet: die Treppe mit edlem, anthrazitfarbenem Feinsteinzeug-Belag.

Was es in diesem zurückhaltenden, gezielten Arrangement zu finden gibt, ist etwa ein Essplatz als Mittelpunkt des Hauses, von oben beleuchtet über einen indirekten Lichtkranz. Er schließt offen an die Küche an und öffnet sich über eine Brüstung zum Wohnraum, der einige Stufen tiefer liegt. Der Höhenunterschied in Verbindung mit der massiven Brüstung bringt eine deutliche Trennung trotz Offenheit mit sich.

Angenehme Details auch unter dem flach geneigten Pultdach: im straßenseitigen, niedrigen Teil wurde ein Stauraum mit Kriechhöhe untergebracht, gartenseitig ein Zimmer mit Loggia.

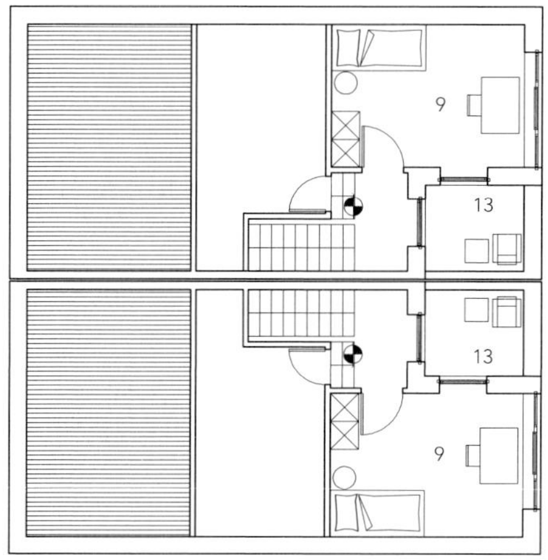

Dachgeschoss

1 Diele
2 WC
3 Abstellraum
4 Flur
5 Kochen
6 Essen
7 Wohnen
8 Alternativfläche
9 Schlafen
10 Hauswirtschaft
11 Schlafen
12 Bad
13 Balkon

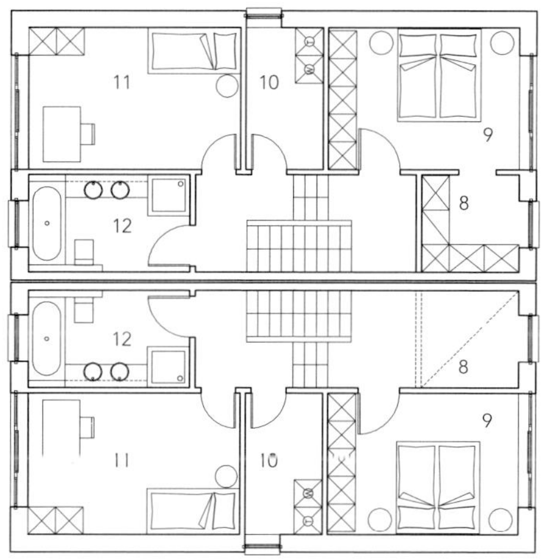

Obergeschoss

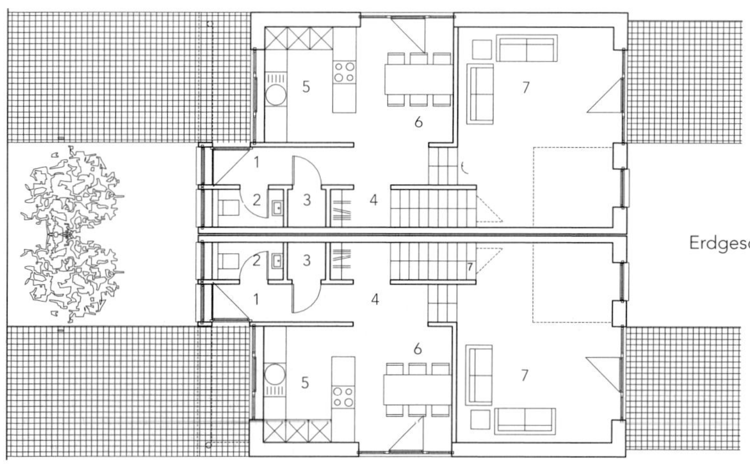

Erdgeschoss

**Projektinformationen**
**Fassade** Wärmedämmverbundsystem
**Bodenbeläge** Feinsteinzeug, Parkett (Buche)
**Wohnfläche** ca. 160 m² zzgl. ca. 20 m² Nutzfläche

**Fotos** Johannes Kottjé, Marktredwitz

# OFFENE KONTRASTE

Wohnanlage in Münster ‖ greive.diflo.kuckert_architekten, Münster

Zwei aufeinandergesetzte Quader, der untere nahezu komplett verglast, der andere glattflächig weiß, durchzogen von einem Fensterband und skulpturalen Fensterausschnitten; im Innern nur zonierende Kerne im unteren sowie scheinbar lose eingestellte Unterteilungen im oberen Quader – auch so kann eine Reihenhauszeile oder ein Doppelhaus aussehen!

**Unten beide** Die Obergeschosse der drei Baukörper scheinen über den filigranen Erdgeschossen zu schweben; im Unterschied zu den meisten Reihenhausentwürfen gibt sich hier jeder Baukörper als eine formale Einheit, nicht jedes einzelne der Häuser.

Rundum offen wirkt das Erdgeschoss in den beiden Doppelhauseinheiten sowie in den Endhäusern von Dreispänner und Reihenhauszeile; die Küche wurde in Verbindung mit einem Sanitärkern frei eingestellt.

Ansichten 2er-Haus

Ansichten 3er-Haus

Schon städtebaulich fällt die kleine Wohnanlage aus dem Rahmen ähnlicher Projekte: Ein Doppelhaus und einen Dreispänner setzten greive.diflo.kuckert_architekten fluchtend nebeneinander, eine kleine Reihenhauszeile mit vier Einheiten in den Winkel dazu.

Mittels eines niedrigen Sockels vom Baugrund abgehoben, sind die zweigeschossigen Häuser aufgrund ihres unkonventionellen und kontrastreichen Erscheinungsbilds bereits von Weitem sichtbar. Tagsüber mutet das vollverglaste Erdgeschoss dunkel an, das leicht auskragende Obergeschoss mit weißer Putzfassade scheint beinah darüber zu schweben. Nachts dann der umgekehrte Effekt: Während das Erdgeschoss hell erstrahlt, wird das Obergeschoss weitgehend von der Dunkelheit geschluckt. Markiert wird es dann lediglich noch durch das dreiseitig umlaufende, niedrige Fensterband sowie die einseitig scheinbar beliebig in die Fassade geschnittenen Fenster.

Doch wie wohnt man in solch ungewöhnlichen Häusern, die sich nach außen eher als kompakte Blöcke denn als aneinandergereihte Einzelhäuser geben? Formal formuliert: Mit »unten Wohnen, oben Schlafen« wurde ein konventionelles, bewährtes Muster gewählt – das in der Ausgestaltung freilich deutlich von konventionellen Reihenhäusern abweicht. Das gesamte Erdgeschoss gibt sich als offener Einraum mit scheinbar lose eingestelltem Sanitärkern, an den sich auch die offene Küche anlehnt. Insbesondere in den Endhäuser mit drei nahezu durchgängig verglasten Fassaden – das sind hier immerhin sechs von neun Häusern – kommt der Gedanke an ein profanes Reihenhaus erst gar nicht auf, viel zu licht und luftig wirken die tatsächlich gerade mal 6 Meter breiten Innenräume. Doch auch den Mittelhäusern fehlt es nicht an Licht im Inneren: Sie werden über hausbreite Oberlichter bis in den Keller natürlich belichtet.

Das Konzept des zonierten Einraums wurde auch im Obergeschoss mithilfe scheibenartig eingestellter Trennwände zumindest ideell aufgegriffen.

Solch ein Haus bedarf freilich einer sensiblen Einrichtung: insbesondere sollte man sich bei der Möblierung des Ergeschosses mengen- und volumenmäßig zurückhalten. Andernfalls fehlt einerseits dem Mobiliar schnell der Rück-

Blick vom Wohnraum zum Eingangsbereich mit Treppe und zur Küche, beide voneinander getrennt durch den frei im Raum stehenden Sanitärkern.

Ansichten 4er-Haus

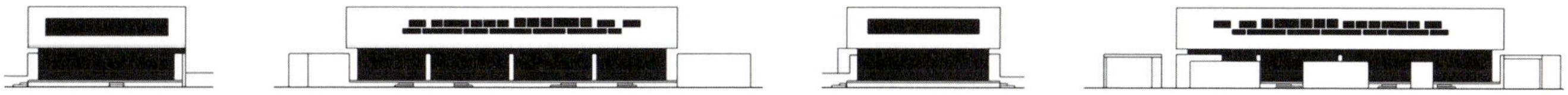

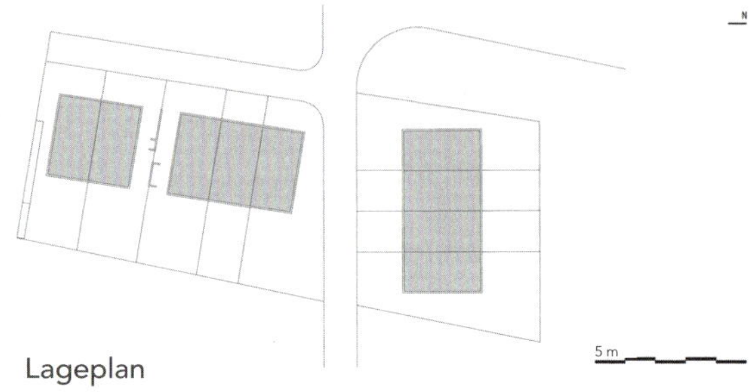

Lageplan

Die Häuser stehen leicht erhöht, wie auf Podesten; Fensterbänder durchziehen die Obergeschosse, kleinteilige, optische Untergliederung in einzelne Einheiten ersetzten die Architekten durch übergreifende Großformen.

halt geschlossener Wandflächen, zudem werden die tatsächlichen, gar nicht mal so großen Dimensionen des Raums ersichtlich und der Charme des Lichten, Luftigen geht verloren.

Auch konstruktiv gesehen ist der Entwurf interessant: das Erdgeschoss wurde in Massivbauweise mit Betonstützen und Kalksandsteinwänden ausgeführt, das Obergeschoss in Holztafelbauweise. Als äußere, auch statisch wirksame Beplankung kam dabei eine glasfaserbewehrte, zementgebundene Trockenbauplatte zum Einsatz.

## Projektinformationen

**Fassade** Rahmenlose Festverglasung mit Öffnungsflügeln (Erdgeschoss); Putz auf Holzrahmenkonstruktion (Obergeschoss)
**Bodenbeläge** Eichen-Mosaikparkett, kerngeräuchert
**Wohnfläche** 155 m²

**Fotos** Architekten (Außenaufnahmen); Fermacell (Innenaufnahmen)

1 Eingang
2 WC
3 Essen
4 Kochen
5 Wohnen
6 Eltern
7 Bad
8 Ankleide
9 Kind
10 Büro

Grundriss 2er-Haus

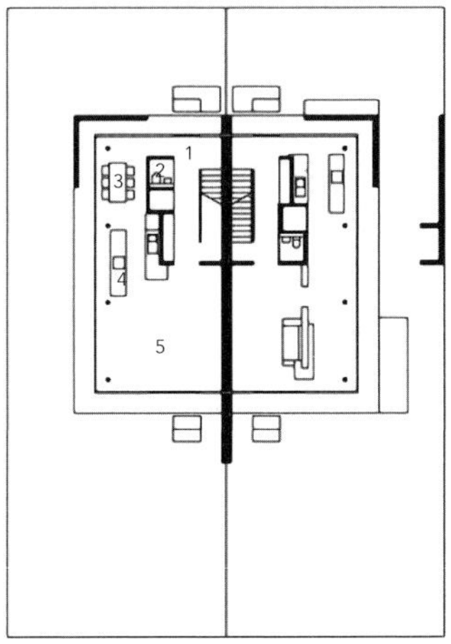

Erdgeschoss

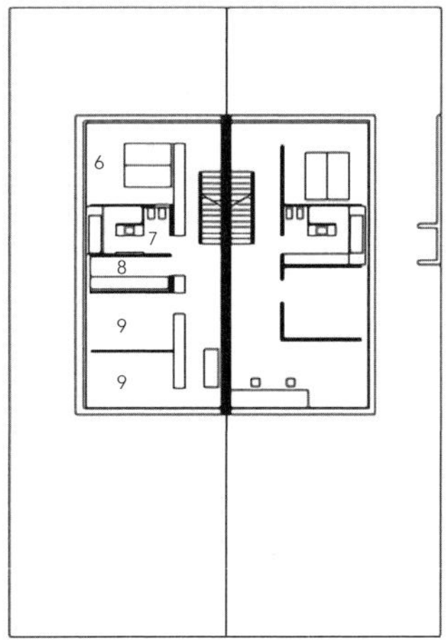

Obergeschoss

Grundriss 3er-Haus

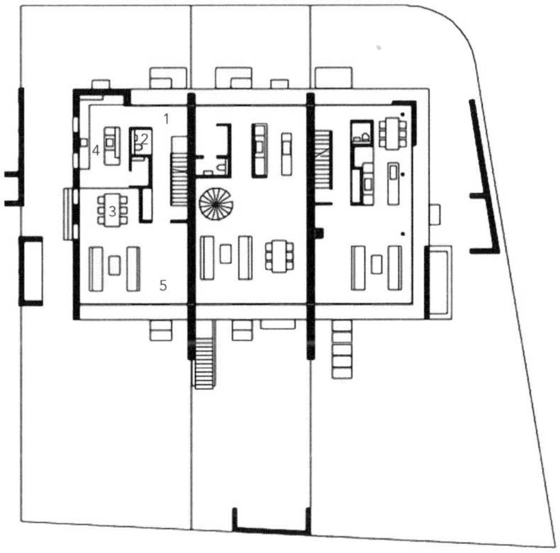

Erdgeschoss

Obergeschoss

Grundriss 4er-Haus

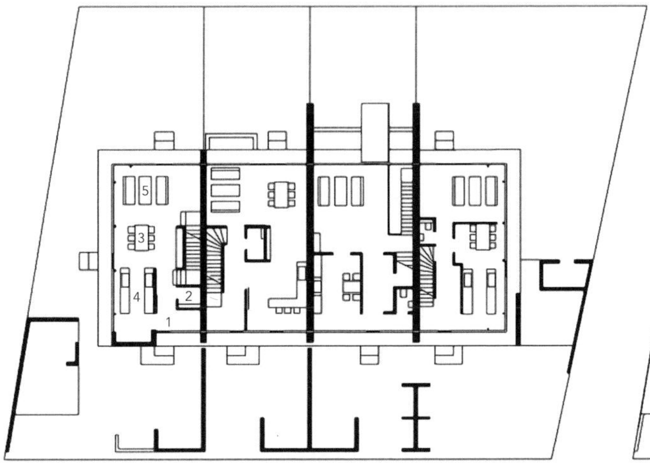

Erdgeschoss

Obergeschoss

# VERDREHT GESCHICHTET

Doppelhaus in Konstanz || Biehler Weith Associated, Konstanz

Ein übliches Doppelhaus, bestehend aus zwei aneinandergebauten Haushälften, verwehrt den Bewohnern jeder Hälfte den Blick zu einer von vier Seiten. Je nach individueller Grundstückssituation kann dieses Standard muster zu deutlich ungleicher Wohnqualität der beiden Hälften führen. Um dies zu vermeiden, sind planerische Intelligenz und unkonventionelles Denken gefragt.

**Links** Ansicht vom Gartenhof aus: die rechte Loggia im Obergeschoss und die linke Hälfte des Untergeschosses gehören zum hier gezeigten Erdgeschoss.

**Oben** Die Spielmöglichkeiten des Ziegelverblendmauerwerks wurden hier gestalterisch eingesetzt.

Ein raumbreites Lichtband unterhalb der Decke lässt den Wohnraum der ebenerdig nördlichen Haushälfte größer und heller wirken.

**Rechte Seite** Blick von der Terrasse durch den Wohnraum bis in die Küche; die einläufige Treppe führt ins Obergeschoss, das quer über dem hinteren Teil des hier gezeigten nördlichen Erdgeschosses liegt und nach links hin über das südliche Erdgeschoss ragt.

Extravagante Entwürfe überzeugen in der Regel dann, wenn sie weniger aus künstlerischem Selbstzweck als vielmehr aus durchdachtem Umgang mit problematischen Vorgaben entstehen. So bei diesem Doppelhaus des Konstanzer Büros Biehler Weith: als Bauplatz stand ein längsrechteckiges Hinterliegergrundstück in Ost-West-Ausrichtung zur Verfügung, dessen westliche Hälfte in einem engen Fenster bebaut werden durfte. Der Zugang erfolgt jedoch von Osten, die dorthin orientierte Grundstückshälfte mit altem Nussbaum war als Garten zu erhalten. Die bebaubare Westhälfte hingegen fiel zu einem südlich gelegenen Gartenhof auf dem angrenzenden Grundstück des zugehörigen Vorderhauses hin ab.

Das Ziel des Entwurfs wäre mit einem Standardentwurf kaum zu erreichen gewesen: Unmittelbarer Zugang und Blickmöglichkeit der Untergeschosse beider Haushälften zum Gartenhof und beider Erdgeschosse zum östlichen Obstgarten standen ebenso auf der Wunschliste wie Südorientierung der Kinderzimmer im Obergeschoss.

Die Architekten erreichten dieses Ziel so simpel wie genial: sie betrachteten jedes der drei Geschosse isoliert und orientierten es den Vorgaben entsprechend. So entstand ein Wohnhaus mit zwei geradezu ineinander verschlungenen Einheiten: man betritt beide Hälften im Erdgeschoss, das in zwei ost-westorientierte, gegeneinander punktgespiegelte Hälften geteilt ist. Hier finden sich die allgemeinen Wohnräume, im Obergeschoss wurden die Schlafräume untergebracht. Soweit entspricht auch dieses Haus dem üblichen Schema – allerdings wurde das Obergeschoss gegenüber der Wohnebene um 90 Grad gegen den Uhrzeigersinn gedreht! Nordsüdorientiert, bieten nun beide Einheiten jeweils zwei Kinderzimmer mit vorgelagerter, verglaster Süd-Loggia.

Ebenfalls in Nord-Süd-Richtung orientiert, wurden beide Untergeschosse in den Hang geschoben, sodass beide Zugang und Blick zum Gartenhof haben. Die Verdrehung gegenüber dem Erdgeschoss erfolgte hier allerdings im Uhrzeigersinn. Beide Untergeschosse wurden so ausgeführt, dass sie bei Bedarf

als Einlieger-Appartements mit Zugang von außen abgetrennt werden können.

Dank des Entwurfskonzepts nimmt man beide Haushälften im Innern kaum noch als Doppelhaus wahr, vielmehr vermitteln sie das Wohngefühl frei stehender Einfamilienhäuser. Dem komplexen Innern steht ein kompaktes Äußeres gegenüber: ein gedrungener Kubus mit wenigen Einschnitten, dessen Ziegel-Verblendmauerwerk in zwei unterschiedlichen Mauerwerksverbänden ausgeführt wurde – hierdurch lassen sich beide Wohneinheiten bereits von außen ablesen. Markant fiel das auf der Nordseite scheinbar angehobene Dach aus, dessen Neigung Bezug auf den Verlauf des Hanggrundstücks nimmt.

Der Entwurf kann als gelungene Anregung dienen, auch mal »verschachtelt und verdreht« zu denken und zu planen. Übersehen werden darf im konkreten Fall freilich nicht die Schallschutzproblematik zweier derart verschlungener Wohneinheiten – hier wurde diese bedacht und zur Zufriedenheit der Bewohner gelöst, doch dies erfordert höchste Sorgfalt bei Planung und Ausführung.

**Links und unten links** Unterschiedliche Varianten der gleichen Situation: Erschließungsbereich der Obergeschosse der südlich erschlossenen Wohneinheit (oben) mit niedriger Decke sowie der nördlich erschlossenen Einheit, deren Raumhöhe von dem nach oben gezogenen Dach profitiert; während die Erdgeschossgrundrisse punktgespiegelt nahezu identisch sind, wurden die Obergeschosse achsengespiegelt – abgesehen von der Lage der aus dem Erdgeschoss kommenden Treppe.

**Unten** Die halbhohe Installationswand in der Toilette dient als praktische Ablage.

**Rechts** Die Küche bietet ausreichend Raum für einen großen Essplatz – hier mit Blick in den kleinen, rückwärtigen Gartenhof.

**Unten** Die Glasfassade vor den Kinderzimmern lässt sich auffalten, sodass die Räume um die Loggia erweitert werden; deren Glasschiebeelemente lassen sich ebenfalls nach Belieben öffnen.

Lageplan

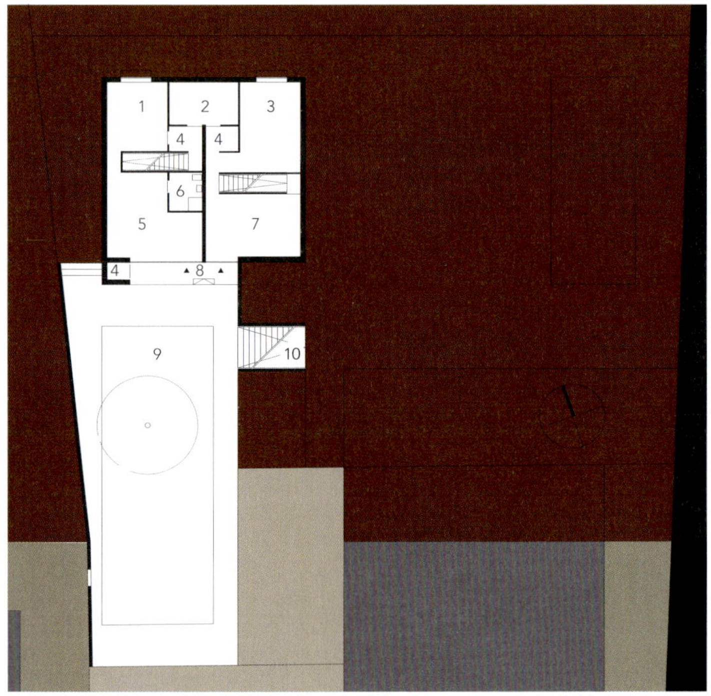


1 Zimmer
2 Technik
3 Archiv
4 Abstellraum
5 Wohnen/Essen
6 Bad
7 Arbeiten
8 Zugang Loggia
9 Hofgarten
10 Gartentreppe

Hofgeschoss

Die Gartenterrasse ist teilweise überdacht.

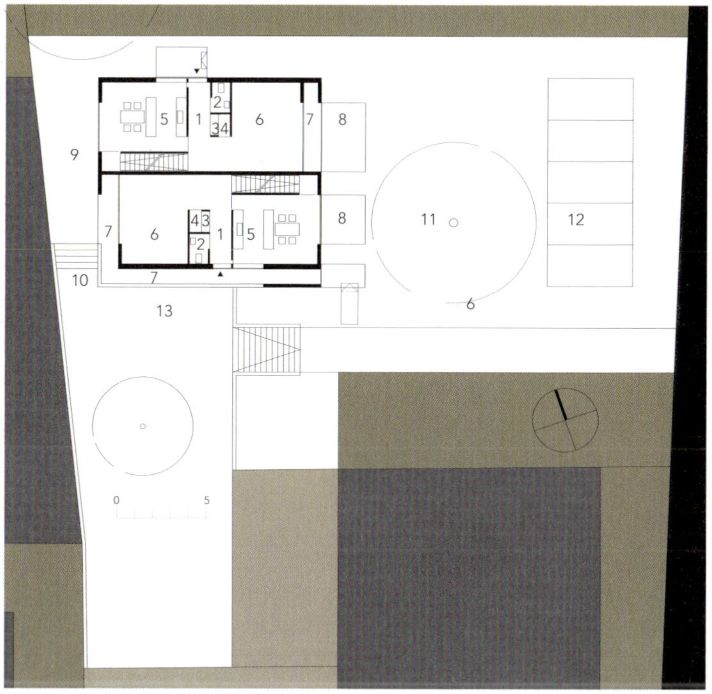

Erdgeschoss

1 Flur
2 Gäste-WC
3 Garderobe
4 Abstellraum
5 Kochen/Essen
6 Wohnen
7 Loggia
8 Terrasse
9 Garten
10 Natursteinwand
11 Nußbaumgarten
12 Parken
13 Hofgarten

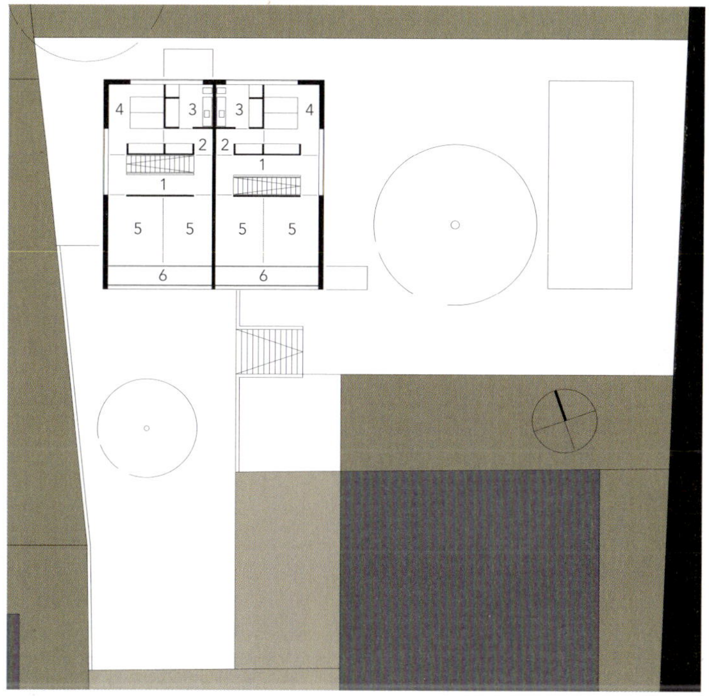

Dachgeschoss

1 Diele
2 Stauraum
3 Bad
4 Schlafen
5 Zimmer
6 Loggia

Schnitt

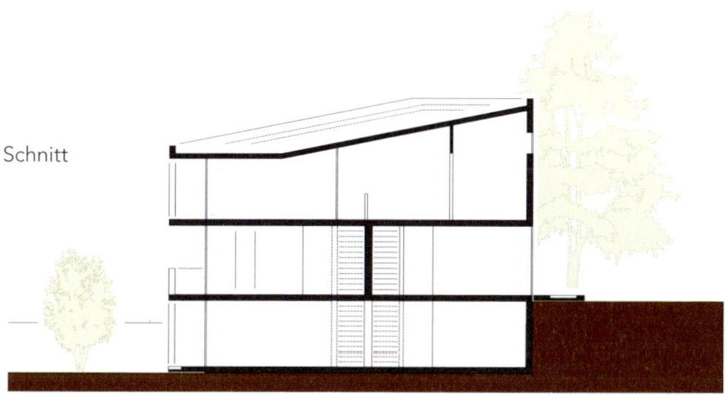

## Projektinformationen

**Fassade** Hartbrandklinker
**Bodenbeläge** Feinsteinzeug, Hochkantlamellenparkett (Schlafzimmer), Kork (Kinderzimmer)
**Wohnfläche** 378 m² (gesamt)

**Fotos** Johannes Kottjé, Marktredwitz

# ARCHITEKTEN-SPIELPLÄTZE

## Doppelvillen in Köln ‖ Hellriegel Architekten, Köln

Allein die galerieartige Verbindung des Wohn-/ Essbereichs im Erdgeschoss und des Kinderschlafbereichs im ersten Obergeschoss gab den ansonsten klassisch aufgebauten Doppelhäusern einen ungewöhnlich hochwertigen Charakter. Dabei wären die Häuser beinahe gar nicht gebaut worden …

Die Doppelhäuser erstrecken sich jeweils über drei Geschosse, abgeschlossen durch ein Flachdach.

Ein großer Luftraum über dem Essplatz verbindet Erd- und Obergeschoss; der einschließlich Eingangsbereich überaus offene Raum wirkt luftig und großzügig, Elemente wie die Theke vor der Küche oder die raumhohe Glasscheibe zum Eingangsbereich zonieren ohne zu trennen.

**Oben** Die einläufige Holztreppe liegt zentral im Haus.

**Unten** Essplatz, Wohnbereich und überdachte Terrasse nehmen mit der Küche das Erdgeschoss ein.

Die Besonderheit der neuen kleinen Wohnanlage bestand in der Auflage der Stadt Köln, hier in überdurchschnittlichem Maße Kinderspielplätze unterzubringen. Hellriegel Architekten setzten diese Auflage um in einen städtebaulichen Entwurf, der einen »Spielweg« mit zwei platzartigen Aufweitungen in Form von Themenspielplätzen vorsah.

Das Konzept der besonders kinderfreundlichen Wohnanlage schien zunächst allen Bauträgern zu riskant, sodass schließlich die Architekten in Verbindung mit einer Grundstücksentwicklungsgesellschaft selbst aktiv wurden. In der Folge zeigte sich rasch, dass gerade die guten Spiel- und Kontaktmöglichkeiten für Kinder auf großes Interesse bei potenziellen Käufern stießen – die Bedenken der Bauträger wurden somit widerlegt.

Auch die Architektur der Häuser setzt sich von Standardlösungen ab. Zum einen durch die erwähnten Lufträume, zum anderen durch Loggien und Dachterrassen, mit denen trotz dichter Bebauung private Freiflächen zur Verfügung stehen – ein erheblicher Gewinn an Wohnqualität!

Blick von der Galerie in den Wohnraum

**Oben beide** Vor dem Staffelgeschoss kann eine Dachterrasse als geschützter Freibereich genossen werden.

**Unten links** Wohnlich geben sich die Bäder mit Parkett und Mosaikfliesen.

**Unten rechts** Sämtliche Fassadenrücksprünge entstanden scheinbar durch partielles Aushöhlen eines massiven Kubus.

Grundrisse

## Projektinformationen

**Fassade** Putz, weiß
**Wohnfläche** ca. 165–240 m² (je nach Haustyp)

**Fotos** Pavel Strnad/BAUIDEE

# INTROVERTIERTE GROSSZÜGIGKEIT

Gartenhofhäuser in Münster ‖ greive.diflo.kuckert_architekten, Münster

Gartenhofhäuser ermöglichen auch auf kleinen Grundstücken Freibereiche von großer Intimität. greive.diflo.kuckert_architekten interpretierten den Bautyp neu und planten für gar nicht mal so kleine Grundstücke Winkelhofhäuser, deren umschlossene Gartenhöfe über Glasfassaden zu nicht überdachten Teilbereichen der Erdgeschosse wurden.

**Links** Die Häuser orientieren sich jeweils zu einem allseits umschlossenen Gartenhof, hier puristisch »japanisch« angelegt.

**Rechts** Der Zugang erfolgt über einen privaten Fußweg, die Eingangsfront gibt sich recht geschlossen.

Der Wohnraum mit Essplatz und Küche; der individuell angefertigte Einbauschrank hinter dem Essplatz verbirgt die Treppe.

Ansichten

Die Hauszeile mit vier Einheiten entstand in einem typischen Neubaugebiet in schöner Randlage zur Landschaft. Um die Grundstücke optimal auszunutzen, wurden die Gebäude jeweils grenzständig angeordnet. Hierbei rahmen der L-förmige Grundriss des Wohnhauses und die geschosshohe Außenmauer einen nach Süden gerichteten Gartenhof. Die Ziegelfassaden wurden durch ein helles horizontal verlaufendes Sichtbeton-Band gegliedert und zum Hof hin weit geöffnet: im winkelförmigen Erdgeschoss verläuft vom einen zum anderen Nachbarhaus eine durchgängige, raumhohe Glasfassade in Z-Form, unterbrochen lediglich von drei integrierten Öffnungselementen mit gestrichener Holzwerkstoffoberfläche.

Beinah ebenso großflächig wurde das Obergeschoss zum Garten hin geöffnet.

Im Innern setzt sich diese »interne Offenheit« des nach außen weitgehend abgeschirmten, introvertierten Wohnhauses zunächst fort: Lediglich im eingeschossigen Flügel wurde durch Einfügen eines Eingangsbereichs mit Toilette eine gewisse Zonierung geschaffen. Am Ende des Flügels entstand so ein etwas intimerer Raum, der bei dem abgebildeten Haus als Fernsehzimmer genutzt wird. Denkbar wäre ebenso eine Nutzung als Arbeitsbereich, Spielzimmer oder Essplatz.

Im Obergeschoss bieten die Häuser jeweils zwei oder drei Schlafräume und ein Bad, gruppiert um einen Erschließungsbereich.

**Oben** Der variabel nutzbare Raum im Erdgeschoss wird hier als markant eingerichtetes Fernseh- und Musikzimmer genutzt.

**Rechts** Die Oberfläche des Einbauschranks am Essplatz erhielt durch unterschiedliche Anordnung der einzelnen Frontblenden eine interessante Struktur.

**Linke Seite** Ein raumrückseitig bündig eingefügter, glattflächiger Einbauschrank lässt den Raum aufgeräumt und ruhig wirken.

**Rechts oben** Der Erschließungsbereich des Obergeschosses mit Blick in den Wohnraum.

**Rechts unten** Die Wanne steht zentral im Raum, dahinter die Dusche.

**Unten** Blick in Schlafzimmer und Bad.

1 Zimmer
2 Bad
3 Schlafen
4 Fernsehen/Musik
5 Eingang
6 WC
7 Kochen
8 Essen
9 Wohnen

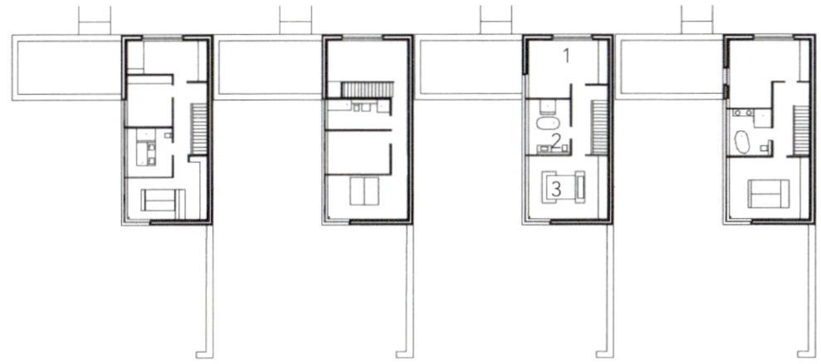


Obergeschoss

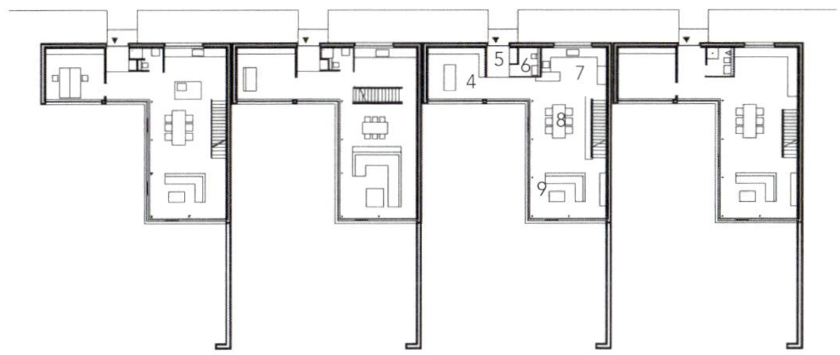


Erdgeschoss

Vom Fernsehzimmer aus lässt sich das gesamte Haus überblicken: links der Eingangsbereich, dahinter die Küche; von der Glasfassade verspiegelt der Wohnraum, darüber Schlafzimmer und Bad.

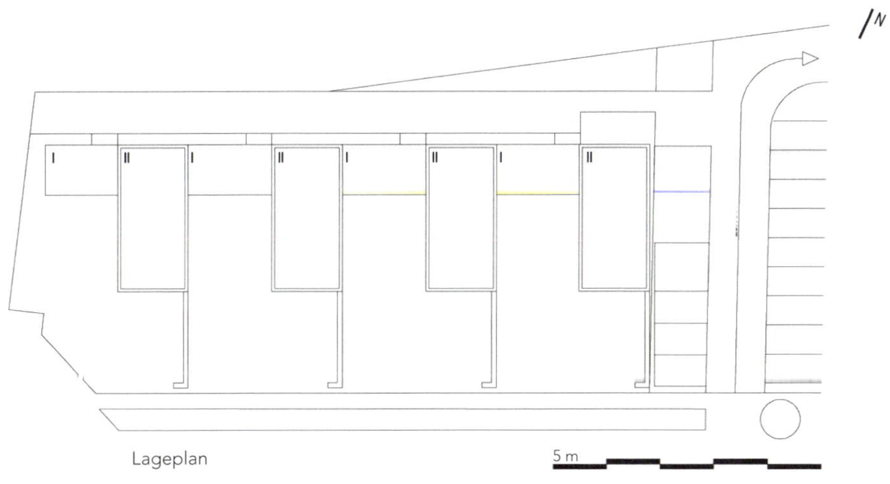


Lageplan

## Projektinformationen

**Fassade** Ziegelverblendmauerwerk, Sichtbeton
**Fenster/Glasfassaden** Holzrahmen
**Bodenbeläge** Naturstein (Erdgeschoss), textiler Bodenbelag, Steinzeug-Fliesen
**Einbaumöbel** Holzmöbel, weiß lackiert mit Makassar-Ebenholzfurnier
**Wohnfläche** 180 m²

**Fotos** Johannes Kottjé, Marktredwitz

# INDIVIDUELLES DOPPEL

## Zwillingshaus in Küsnacht ‖ Weber.Oertli.Architekt.in, CH-Küsnacht

Zu welch interessantem Ergebnis die Absicht zum Bau eines Doppelhauses bei individueller, bedarfsorientierter Planung letztlich führen kann, belegt das Wohnhaus mit Büro der Architekten Barbara Weber und Bruno Oertli. Beinah noch eindrucksvoller sind die Auswahl der verwendeten Materialien und der Umgang mit diesen.

**Mitte** Anstelle eines Gartens legten die Architekten vor ihrem Haus einen intimen Hof an.

**Rechts** Straßenseitig werden beide Häuser durch einen eingeschossigen Sichtbetonbügel gefasst.

**Unten** Trotz gleicher Architektursprache fielen beide Häuser recht unterschiedlich aus.

Der Essbereich bietet einen eigenen, puristisch-wohnlichen Charme mit einer Kombination aus naturbelassenen Materialien und markanten Farbakzenten.

Ein Raum zwischen drinnen und draußen: der Wintergarten mit Ganzglasfassade.

Blick vom Essplatz zur offenen Küche; links die Innentreppe.

Als die Architekten mit der Planung zweier Wohnhäuser auf einem schön gelegenen Grundstück oberhalb des Zürichsees begannen, hatten sie durchaus den Gedanken an ein konventionell aneinandergebautes Doppelhaus im Kopf. Doch im Verlauf des Planungsprozesses zeigte sich, dass die Wünsche beider Bauherren zu unterschiedlich waren, als dass sie mit zwei nahezu identischen Haushälften hätten befriedigt werden können.

So wurden beide Häuser auseinandergerückt und sind heute nur durch einen eingeschossigen Sichtbeton-Riegel verbunden, der den Freibereich des straßenseitig gesehen rechten Hauses vor Einblicken schützt und als Carport dient. Je nach örtlichen rechtlichen Vorgaben ist eine solche Lösung auch dann realisierbar, wenn der Bebauungsplan ein Doppelhaus ausdrücklich fordert, auch wenn es sich nun de facto um zwei Einzelhäuser mit selber Architektursprache handelt!

Das straßenseitig gesehen linke Haus bewohnen die Architekten heute selbst, im Erdgeschoss findet sich ihr Büro. Der Sichtbeton-Riegel des Nachbarhauses wurde links des Gebäudes in Form einer Doppelgarage fortgeführt, auch hier dient er der Abschirmung des privaten Freibereichs.

Aus dem Wunsch nach optimaler Ausnutzung der Freibereiche beider Häuser ergaben sich trapezförmige Grundrisse für die zunächst kubisch wirkenden Baukörper. Im ersten Obergeschoss des Hauses von Weber und Oertli wurde ein durchgängiger Wohn-/Essbereich angeordnet, der durch die Einschnitte des Treppenhauses und eines vollverglasten Wintergartens zoniert wird. An das Treppenhaus angegliedert wurde ein Schacht, der sämtliche Installationen gebündelt und jederzeit zugänglich enthält – eine nachhaltige, ökonomische Lösung, die sich auch bei eventuellen späteren Umbauten rechnet! Ebenfalls Bestandteil des Schachts ist ein Wäscheabwurf, der vom zweiten Obergeschoss in den Waschkeller führt.

Als Staffelgeschoss ausgeführt, findet sich im zweiten Obergeschoss der Schlafbereich des Architektenpaars. Von der vorgelagerten

**Oben und rechts** Im Erdgeschoss wurde das Büro der Bauherren untergebracht.

**Oben** Blick von der Küche auf den gut zugänglichen Installationsschacht im Treppenraum.

**Unten** Hinter dem Bett findet sich eine Ankleide, die als begehbarer Kleiderschrank ausgebildet wurde.

Dachterrasse aus hat man einen fantastischen Blick über den Zürichsee.

In Formgebung und Grundrissgestaltung modern im Stil der Zeit, hat die Architektur von Barbara Weber und Bruno Oertli doch eine eigene, spezielle, durchaus polarisierende Anmutung. Zurückzuführen ist diese insbesondere auf die konsequent und unkonventionell durchgeplante Wahl charakterstarker Materialien, die zugleich konstruktiv wie oberflächenbestimmend eingesetzt werden – bestenfalls eine Lasur wird noch aufgetragen.

Zu nennen wären hier etwa durchgefärbte Holzwerkstoffplatten: anthrazitfarbige, zementgebundene Spanplatten um den Installationsschacht oder MDF-Platten als Treppenstufen. Daneben Sichtbetonflächen als Deckenuntersicht oder als grün lasierte Treppenhauswand, oder der lediglich mit einer Feinspachtelung versehene Estrich als Fußboden. Auch filigrane Metallgitter finden sich mehrfach: so etwa als verschiebbarer Sonnenschutz auf der Dachterrasse, der die über dem See untergehende Sonne noch durchschimmern, aber nicht mehr blenden lässt, oder als Abtrennung zwischen den beiden Läufen der Innentreppe. Alles andere als alltäglich gibt sich auch die Fassade, deren in Brauntönen schimmernde Bekleidung aus punktgehaltenen Faserglasplatten besteht.

Der persönliche Stil der Architekten findet sich auch bei der Gestaltung des Wohnbereichs wieder.

**Oben** Für die matt schimmernde Fassadenbekleidung wurden punktgehaltene Platten aus gefärbtem Faserglas gewählt.

**Rechts** Unkonventionelle, aber harmonische Kombinationen roher Materialien und markanter Farben finden sich im ganzen Haus.

**Oben** Blick ins Bad des Erdgeschosses.

**Rechts** Zwischen beiden Treppenläufen dient ein Metallgitter als Absturzsicherung.

**Unten** Von der Dachterrasse schweift der Blick über den nahen Zürichsee; eine Metallgitter-Blende schützt vor zu aggressiver Einstrahlung der untergehenden Sonne.

**Oben** Sitzplatz im Hof mit noch unbegrünter Stahl-Pergola.

**Unten** Detail des Zugangs zum Grundstück zwischen Haus (rechts) und Garage.

## Projektinformationen

**Fassade** Faserglasplatten, 5 mm, punktbefestigt vor farbig lasierten OSB-Platten, 22 mm; Nordfassade: Sichtbeton
**Fenster** Holz-Aluminium-Rahmen
**Innenwandoberflächen** Weißputz; Treppenhauswand in Sichtbeton, grün lasiert; Bekleidung Installationsschacht: Zementgebundene Spanplatten, anthrazit durchgefärbt
**Bodenbeläge** Zementärer Feinspachtelbelag, 3 mm; im Wintergarten: zementgebundene Spanplatten
**Treppenstufen** MDF-Platten, schwarz durchgefärbt in Stahl-Treppentragwerk
**Deckenuntersichten** Sichtbeton
**Wohnfläche** 166 m² zzgl. 15 m² Wintergarten zzgl. 55 m² Bürofläche

**Fotos** René Rötheli, CH-Baden

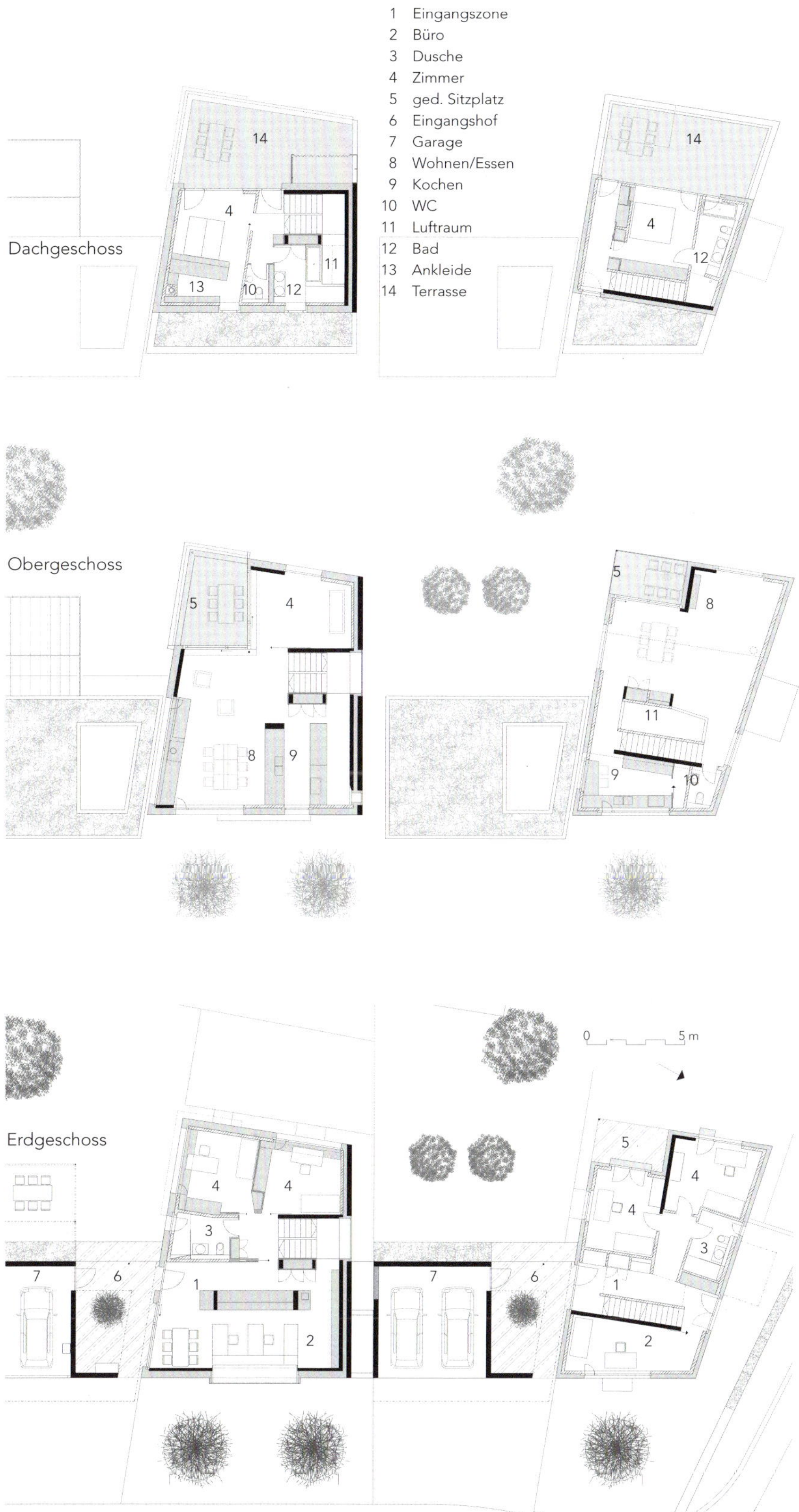

# PREUSSISCHE REIHE

## Ehemalige Ruinenbergkaserne in Potsdam ‖ Kondor Wessels (Generalunternehmer)

Ein häufiges Problem beim Erhalt von Baudenkmälern ist die Frage nach einer sinnvollen Nutzung. Für die früheren Pferdeställe einer ehemaligen Kaserne in Potsdam fand man eine pragmatische und ebenso ansprechend umgesetzte Lösung: Die dreiflüglige Anlage wurde zu hochwertigen Reihenhäusern umgebaut.

**Links** Ein durchgängiges Gaubenband oberhalb der Traufe belichtet heute die Schlafräume im Dachgeschoss.

**Ganz links** Als Pferdestallungen einer Kaserne in der zweiten Hälfte des 19. Jahrhunderts erbaut, bot das Ensemble mehr Noblesse als mancher Wohnbau der Zeit.

**Rechte Seite** Die Wohnräume reichen bis unter das alte Gewölbe; oberhalb der Küche wurde eine Galerie eingezogen.

Die ehemalige Ruinenbergkaserne in Potsdam wurde in den Jahren 1885–1891 für das 1. Preußische Garde-Ulanen-Regiment erbaut. Wo früher die Pferde der Garde untergebracht waren, finden sich heute komfortable Wohneinheiten, die jeweils ein oder zwei der historischen Gewölbeachsen einnehmen. Baurechtlich handelt es sich um Wohnungen, der Bauform nach jedoch um Reihenhäuser.

Das Ambiente der Wohnräume wird von den hohen Ziegelgewölben maßgeblich bestimmt. Sie lagern auf kunstvollen Gusseisen-Säulen auf, die heute in die Wohnungstrennwände eingelassen sind. Die Trennwände aus maßgenau vorgefertigten Kalksandstein-Planelementen im Großformat wurden an diesen Stellen unterbrochen, die Stützen einseitig in Trockenbauweise eingehaust. Jeweils einseitig blieben die Stützen somit sichtbar.

**Oben** Blick von der Galerie in den ganz und gar nicht reihenhaus-typisch wirkenden Wohnraum.

**Linke Seite oben** Die historischen Gusseisenstützen stehen heute überwiegend in Ebene der neuen Zwischenwände; sie wurden jeweils einseitig in Trockenbauweise ummantelt, blieben hierdurch auf der anderen Seite komplett sichtbar.

**Linke Seite unten** Auf den eingezogenen Galerien nunmehr knapp über dem Boden angeordnete Säulenkapitelle wirken beinahe postmodern.

Oberhalb des Eingangsbereichs und der Küche wurde jeweils eine Galerie angeordnet, die das Gewölbe zum Greifen nahe bringt. Die hier unmittelbar oberhalb des Fußbodens sichtbaren Kapitelle der Säulen wirken geradezu postmodern.

Wer meint, mit dem Deckengewölbe ist bereits der obere Gebäudeabschluss erreicht, der irrt: Darüber finden sich die Schlafräume, die bis unter das rekonstruierte, mit einem durchgängigen Gaubenband belichtete Dach reichen.

Neben dem Flair der Räume blieb auch von der historischen Bausubstanz vieles erhalten. Einfügungen wurden bewusst als moderner Kontrast abgesetzt, so etwa die Treppen und Galerien in Stahlbauweise.

Um trotz heutiger Wärmeschutzanforderungen die historische Ziegelfassade erhalten zu können, wurde auf die Innenoberseite der Außenwände eine mineralische Dämmung aufgebracht, die im Unterschied zu üblichen Innendämmungen bauphysikalisch unproblematisch ist und mit der Ziegelwand eine homogene Einheit bildet.

**Oben** Die umgebauten Stallungen wurden durch neue Reihenhauszeilen ergänzt.

**Linke Seite** Den Planern gelang eine harmonische, aber dennoch unterscheidbare Kombination aus Alt und Neu.

## Projektinformationen

**Fotos** Ytong Multipor Mineraldämmung

# VIERSECHZIG MAL ZWEIUNDZWANZIG

## Umnutzung einer Kasernen-Kfz-Halle ‖ Frank Ahlbrecht, Essen

Eine Halle in Schottenbauweise, 22 Meter tief, zwischen den Schotten jeweils 4,60 Meter – was tun, wenn hier Wohnraum entstehen soll? Abreißen, neu bauen? Architekt Frank Ahlbrecht ging einen anderen Weg und konnte somit zugleich einen erhaltenswürdigen historischen Bau bewahren.

**Links** In den Kopfbauten der Halle finden sich heute Geschosswohnungen.

**Rechts** Der Zugang zu den Reihenhäusern erfolgt über breite Stege.

**Rechte Seite** Höher als breit und ungewöhnlich tief: die Proportionen der Wohneinheiten haben nicht viel mit üblichen Reihenhäusern zu tun.

Die gewendelte Treppe zoniert in Wohn- und Essbereich; von oben belichtet, wurde die Küche an der Schmalseite des Wohnraums angeordnet.

Blick vom Eingangsbereich in den Wohnraum.

Wo früher die Fahrzeuge der Kasernenanlage »Wrexham Barracks« unterstanden, finden sich heute elf zweigeschossige Wohneinheiten – baurechtlich Wohnungen, bautypologisch Reihenhäuser. Die vorhandene Schotteneinteilung wurde hierzu übernommen und lässt sich an den Fassaden nach wie vor ablesen.

Dank der Staffelbauweise ist das Obergeschoss nur gut halb so tief wie das Erdgeschoss, wodurch Ahlbrecht die Belichtungsproblematik erleichtert wurde. Im eingeschossigen Teil findet sich heute jeweils ein Schlafraum mit Bad, weitere Schlafräume wurden im Obergeschoss untergebracht. Dieses ist in einigen Wohnungen galerieartig mit dem Erdgeschoss verbunden, was zu hohen, tiefen, wenngleich auch schmalen Räumen mit fast schon sakralem Charakter führte. Der Verzicht auf Fläche im Obergeschoss brachte somit ganz erhebliche Steigerungen der räumlichen Qualitäten mit sich!

Ein Gutteil des unkonventionellen, charmanten Ambientes der heutigen Wohnräume geht jedoch auf das Annehmen des Vorhandenen zurück: das scheinbar inakzeptable Verhältnis von Raumtiefe und Raumbreite erhielt den Anstrich des bewusst Gewollten. Ein Lichtband erhellt die Küchen an der inneren Schmalseite der Wohnräume, gegenüber finden sich bodentiefe und nahezu raumbreite Glasfassaden, deren Gliederung bestens zur historischen Hallenarchitektur passt.

**Projektinformationen**
**Fassade** Putz
**Bodenbeläge** Steinzeug oder Parkett (je nach Haus)
**Wohnfläche** ca. 140–150 m² (je nach Haus)

**Fotos** Deimel + Wittmar, Essen

Der gartenseitige Raum im Obergeschoss wirkt lichtdurchflutet dank großer Fensterfront.

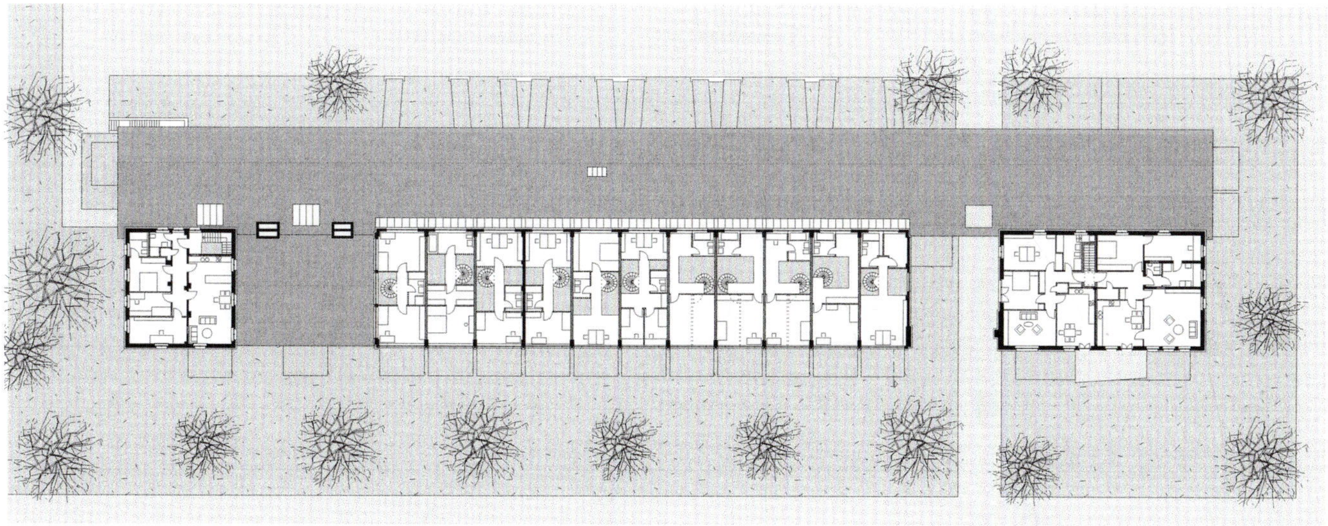

Obergeschoss

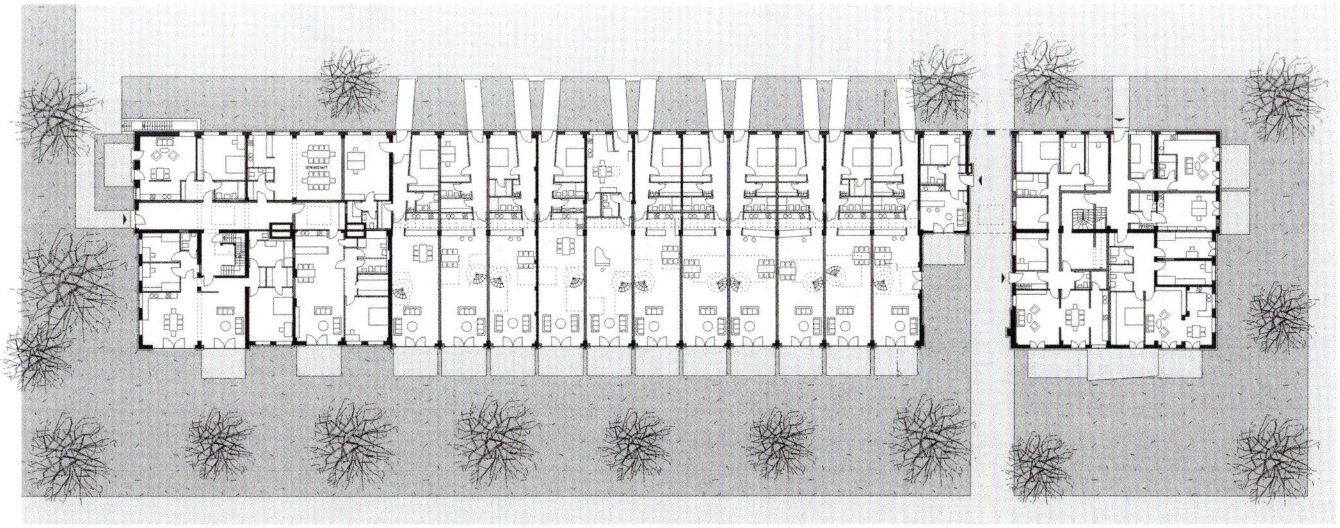

Erdgeschoss

# ARCHITEKTEN- UND FOTOGRAFENVERZEICHNIS

**Architektenverzeichnis**

awerk architekten ag
Schulgasse 18
CH-3280 Murten
info@awerk.ch
www.awerk.ch
Seite 38

Ahlbrecht Baukunst
Frank Ahlbrecht
Dipl.-Ing. Architekt BDA/DAI
Ruhrtalstraße 71 B
D-45239 Essen
webmaster@ahlbrechtbaukunst.de
Seite 128

baurmann.dürr Architekten
Hirschstraße 53
D-76133 Karlsruhe
kontakt@bdarchitekten.eu
www.bdarchitekten.eu
Seite 70

Bembé Dellinger Architekten
Felix Bembé + Sebastian Dellinger
Im Schloss
D-86926 Greifenberg
mail@bembe-dellinger.de
www.bembe-dellinger.de
Seite 8

Klaus Beslmüller
Dipl.-Ing. Architekt
Vazaninistraße 13
D-85567 Grafing
kb@architekt-beslmueller.de
www.architekt-beslmueller.de
Seite 16, 24

Biehler Weith Associated
Building Design Projects
Architekten BDA
Rheingasse 16
D-78462 Konstanz
office@biehler-weith.de
www.biehler-weith.de
Seite 104

bsp architekten
Bödecker Schulte Partner
Harpener Hellweg 265
D-44805 Bochum
info@architekten-bsp.de
www.architekten-bsp.de
Seite 86

greive.diflo.kuckert_architekten.BDA
Hamburger Straße 2
D-48155 Münster
mail@architekten-gdk.de
www.architekten-gdk.de
Seite 98, 118

Hellriegel Architekten
Dipl.-Ing. Architekt BDA Bernd Hellriegel
Gütergasse 17
D-51143 Köln
Elisabeth-Treskow-Platz 1
info@hellriegel-architekten.de
www.hellriegel-architekten.de
Seite 30, 112

w. hofschröer–architekten
Canisiusstraße 13
D-48431 Rheine
info@w-hofschroeer.de
www.w-hofschroeer.de

KM architekten
Im Graben 12
D-34292 Ahnatal-Weimar
und
Kappenberger Feld 6
D-32547 Bad Oeynhausen
office@km-architekten.de
www.km-architekten.de
Seite 38, 64

Scholz & Kirchmann Architekten
Sonnenstraße 29
D-85356 Freising
info@scholz-kirchmann.de
www.scholz-kirchmann.de
Seite 58

Dipl.-Ing. Ekkehard Schröer
Innenarchitektur Möbeldesign
Wesselswerth 6
D-45239 Essen
info@ekkehardschroeer.de
www.ekkehardschroeer.de
Seite 76, 82

T. Unterlandstättner M. Schmöller Architekten
Reitmorstraße 8
D-80538 München
info@u-s-architekten.de
www.u-s-architekten.de
Seite 52

Weber.Oertli.Architekt.in
Höhenstrasse 28
CH-8700 Küsnacht
office@weber-oertli.ch
www.weber-oertli.ch
Seite 124

**Fotografenverzeichnis**

Corinne Cuendet
Rue des Artisans 14
CH-1815 Clarens
corinne.cuendet@bluewin.ch
Seite 124

Deimel + Wittmar Architekturfotografie
Ulrich Deimel, Petra Wittmar Dipl.-Des.
Gemarkenstraße 19
D-45147 Essen
info@deimel-wittmar.de
www.deimel-wittmar.de
Seite 138

Michael Heinrich
Hachinger-Bach-Straße 27
D-81671 München
mhfa@mhfa.de
www.mhfa.de
Seite 52

Johannes Kottjé
Dipl.-Ing. Architekt
Am Frauenholz 13
D-95615 Marktredwitz
johannes@kottje.de
www.kottje.de
Seite 8, 16, 24, 30, 38, 58, 64, 70, 92, 104, 118

Podehl Fotodesign
Detlef Podehl
Stockumer Dorfstraße 2A
D-59427 Unna
mail@podehl.com
www.podehl.com
Seite 82, 86

Ralf Rautenberg
Dipl.-Fotoing.
Raiffeisenstrasse 19
D-51105 Köln
rautenberg@raumundaugenblick.de
www.raumundaugenblick.de
Seite 30

René Rötheli
Atelier für Fotografie
Merker Areal
Bruggerstrasse 37
CH-5400 Baden
info@rrphoto.ch
Seite 124

Peter Stockhausen
Lenbachstraße 37
D-45147 Essen
www.peter-stockhausen.de
Seite 76

Pavel Strnad
Redaktion Bauidee
Industriestraße 16
D-50735 Köln
pavel.strnad@bauerverlag.de
Seite 112

Verlagsgruppe Random House FSC-DEU-0100

Das FSC-zertifizierte Papier *Profimatt* für dieses Buch,
hergestellt von Sappi, Ahlfeldt, liefert IGEPA group.

1. Auflage

Satz und Layout: Monika Pitterle nach einem Entwurf
von Maria Krahmer, München
Gesetzt aus der Avenit LT Std
Lithographie: Helio Repro GmbH, München
Druck und Bindung: Offizin Andersen Nexö Leipzig,
Zwenkau
Printed in Germany
ISBN 978-3-421-03681-0

www.dva.de